Ina Hullmann

Sei wie du bist!

Ina Hullmann

Sei wie du bist!

Der authentische Weg zu Erfolg und Wohlbefinden

mvg Verlag

Die Deutsche Bibliothek – CIP-Einheitsaufnahme
Hullmann, Ina:
Sei wie du bist! : der authentische Weg zu Erfolg und Wohlbefinden / Ina Hullmann. – Landsberg ; München : mvgVerl., 2002
ISBN 3-478-73000-7

© 2002 bei mvgVerlag im verlag moderne industrie AG & Co. KG, Landsberg – München

Alle Rechte, insbesondere das Recht der Vervielfältigung und Verbreitung sowie der Übersetzung, vorbehalten. Kein Teil des Werkes darf in irgendeiner Form (durch Fotokopie, Mikrofilm oder ein anderes Verfahren) ohne schriftliche Genehmigung des Verlages reproduziert oder unter Verwendung elektronischer Systeme gespeichert, verarbeitet, vervielfältigt oder verbreitet werden.

Umschlaggestaltung: Vierthaler & Braun, München
Umschlagphoto: Eduard Raab
Illustrationen: Isabelle Dinter
Satz: kaltnermedia GmbH, 86399 Bobingen
Druck: Himmer, Augsburg
Bindung: Thomas, Augsburg
Printed in Germany 73000 / 070202
ISBN 3-478-73000-7

Inhaltsverzeichnis

Anstelle eines Vorworts 9
Warum Sie dieses Buch unbedingt lesen sollten 9
Wie Sie dieses Buch benutzen können 11
Wie Sie die CD nutzen können 14

1. Einleitung: Dem persönlichen Traum näher kommen 17
Echtsein führt zum Erfolg 19
Ihr stärkster Verbündeter – das Unbewusste 25
Schaffen Sie die Basis für Erfolg 29

2. Motivation und Leidenschaft entfachen 33
Vom Sinn des Träumens – Herzenswünsche beflügeln 35
Klären Sie Ihre Ausgangsposition 42
Hindernisse aus dem Weg räumen 47
Setzen Sie sich erreichbare Ziele und planen Sie 51

3. Innere Balance finden 59
Der Zustand entspannter Konzentration 61
Trance – das Tor zum Unterbewusstsein 64
Entwickeln Sie Ihre persönliche Trancetechnik 67
Die Einheit von Körper und Seele 71

4. Mentale Kräfte nutzen 77
Die Kraft der Selbstbeeinflussung 79
Selbstkontrolle durch geführte innere Monologe 84
Vorstellungskraft als Schlüssel zum Erfolg 89
Manipulation von außen unwirksam machen 94

5. Persönliche Potenziale entfalten 99
Jeder Mensch ist einmalig und voller Potenziale 101
Verborgene Talente wecken 107
Den Schatz im Unterbewusstsein bergen 113
Rollen auf der geistigen Bühne spielen 118

6. Blockaden überwinden lernen 125
  Blockaden und Ängste bewusst machen 127
  „Update" veralteter Programme 134
  Konstruktiv mit Zweifel umgehen 141
  Immun gegen Rückschläge werden 145

7. Persönliche Spitzenleistungen erzielen 151
  Projekte planen und Lösungen finden 153
  Grenzen zuerst mental durchbrechen 158
  Feedback als wichtige Informationsquelle 164
  Trainieren Sie Körper und Geist auf Hochleistung 168

Literaturverzeichnis 173

Zur Autorin 175

Stichwortverzeichnis 177

„... ‚Sei du Selbst' ist das ideale Gesetz,
... es gibt keinen anderen Weg zur Wahrheit und zur Entwicklung.

Dass dieser Weg durch viele moralische und andere Hindernisse erschwert ist, dass die Welt uns lieber angepasst und schwach sieht als eigensinnig, daraus entsteht für jeden mehr als durchschnittlich individualisierten Menschen der Lebenskampf."

Hermann Hesse

Anstelle eines Vorworts

Warum Sie dieses Buch unbedingt lesen sollten

*„Wir werden umso authentischer,
je näher wir dem Traum kommen,
den wir von uns selbst haben."*

Entfalten Sie Ihr persönliches Potenzial

Dieses Buch ist eine praktische Anleitung, wie Sie lernen können, Ihr inneres Potenzial umzusetzen und dadurch ganz leicht – ohne große Anstrengung – erfolgreicher in allen Unternehmungen zu werden. Die Übungen und Beispiele stammen aus meinen Seminaren zu den Themen Motivation, persönliche Spitzenleistungen und Persönlichkeitsentwicklung. Ich leite Mitarbeiter und Führungskräfte verschiedener Firmen in Trainings und Einzelcoachings dazu an, ihr persönliches Potenzial zu entdecken und umzusetzen. Zu Beginn meiner Seminare erzähle ich häufig folgende wahre Geschichte, die noch aus meinen Kliniktagen als Psychologin stammt und ein gutes Beispiel dafür ist, wie einfach es manchmal sein kann, Potenziale zu fördern und gleichzeitig ein Problem zu lösen.

Eine Patientin kam mit Ihrer achtjährigen Tochter in meine Sprechstunde. Das Kind sei völlig hyperaktiv, könne nie stillsitzen und würde durch sein ständiges Rumgezappel alle anderen nervös machen. Während die Mutter aufgeregt das Problem schilderte, hatte das kleine Mädchen mit schuldbewusstem Blick auf einem Sessel hinten im Zimmer Platz genommen. Ich fragte die Frau: „Ihre Tochter ist also ständig in Bewegung? Ist es vielleicht möglich, dass sie viel Bewegung braucht?" Die Mutter starrte mich beinahe ungläubig an. Ich wandte mich dem Mädchen zu und fragte: „Machst du gerne Sport?" „Und wie", antwortete die Kleine, „beim Laufen bin ich immer die Schnellste." So fanden wir drei gemeinsam heraus, dass das Problem Zappeligkeit eigentlich ein Potenzial war, wenn man es nur richtig nutzte. Die beiden versprachen mir, einen Laufplan auszuarbeiten, sodass die Kleine sich jeden Tag genug bewegen würde und dadurch automatisch ihre körperliche Energie abbauen würde. Aber es geschah noch mehr: Sie schaffte es, ihre Energie zu kanalisieren und konzentriert einzusetzen. Ihre körperliche Energie war ein großes Potenzial und aus dem zappeligen Mädchen wurde nach wenigen Wochen ein Sportass.

Das gute Gefühl, auf dem richtigen Weg zu sein

Dieses Erlebnis bestätigte meine Annahme, dass Menschen die Potenziale, Talente und Herzenswünsche, die in ihnen stecken, auch leben sollen. Es gibt manchmal innere Stimmen, die versuchen uns zu bremsen. Häufig sind es Stimmen der Vorsicht – der „Vernunft" –, die uns vor Blamagen und Gefahr schützen wollen. Trotzdem möchten unsere kreativen, träumerischen Seiten gelebt werden. Mehr noch: In uns steckt ein riesiges Potenzial, was nur darauf wartet, endlich genutzt zu werden. Gleichzeitig beflügelt es uns, die Dinge zu tun, die für unser Überleben – die Alltagsarbeiten – nötig sind. Aus einem Hobby oder einer kreativen Tätigkeit zieht ein Mensch eine unglaubliche Energie für seinen Job. Wenn man sein Ziel vor Augen hat und von innen heraus motiviert ist, tut man viele unliebsamen, aber sinnvollen Dinge einfach mit. Die Arbeit geht wie von selbst von der Hand, und man ist überzeugt, auf dem eigenen Weg zu sein. Es fühlt sich einfach richtig und gut an.

Ich danke allen von Herzen, die mich inspiriert und unterstützt haben:

Meinem Lebensgefährten Antony,
meinen Eltern Ingrid und Uwe,
meinen engsten Freunden Edda, Peter, Anne und Sebastian,
Dr. Jong-Seo Lee und Zooey Neumann,
allen meinen Klienten für ihr Vertrauen und ihre Offenheit
und Andreas Breitenreiter für Komposition und Abmischung der CD.

Wie Sie dieses Buch benutzen können

Die Schatzkammer voller Fähigkeiten öffnen

Mein guter Freund und Kollege Peter sagt immer: „Auf Dauer lässt sich Erfolg eben nicht vermeiden." Was hier so einfach klingt, möchte ich mit diesem Buch – einer praktischen Anleitung mit vielen Übungen – anderen an die Hand geben. Dieser Satz meint: Ich arbeite bewusst und aktiv an dem, was mir wichtig ist, und wie ein Magnet ziehe ich dann ganz automatisch das an, worauf sich mein Bewusstsein und Unterbewusstsein fokussieren. Mentaltraining ist dabei eine wirkungsvolle Technik, sein Unterbewusstsein quasi auf seine Ziele zu „programmieren" und dadurch einfach und überraschend schnell positive Veränderungen zu erzielen. In jeder Person wartet eine wahre Schatzkammer ungenutzter Fähigkeiten darauf, endlich entdeckt zu werden. Dieses Übungsbuch möchte Ihnen bei der Entfaltung Ihres vollen Potenzials und der Umsetzung Ihrer Träume die entscheidenden Grundlagen an die Hand geben.

Und so gehen Sie vor:

- Planen Sie Ihre Ziele so, dass sie einfach erreichbar werden und Sie sich damit wohl fühlen.
- Finden Sie Ihre innere Balance, die Ihre Kraft, Ausdauer und Ihr Wohlbefinden stärkt.
- Ihr Potenzial setzen Sie dort ein, wo es am besten nutzbar ist und Ihren Zielen dient.
- Die inneren Einstellungen oder Glaubenssätze, die Sie blockieren, können Sie – wie veraltete Computerprogramme – auf den neuesten Stand bringen.

Noch ein Tipp: Tun Sie, was immer Sie wollen – aber tun Sie es auch! So bekommen Sie heraus, was Sie wirklich mit Ihrem Leben machen möchten und wer Sie sind. Fangen Sie sofort damit an und schieben Sie nichts mehr auf!

Konzentrieren Sie sich auf das Wesentliche

Um mehr über Ihre wahren Ziele und Bedürfnisse herauszubekommen, schlage ich vor, dass Sie chronologisch vorgehen und sich vom Kapitel 1 bis zum Kapitel 7 durcharbeiten. Einige Themen werden für Sie persönlich wichtiger sein als andere. Um sich ganz auf die für Sie entscheidenden Themen zu konzentrieren und auch Ihr Unterbewusstsein zu fokussieren, lade ich Sie zu folgender Übung ein:

> **Umkreisen Sie die Themen und Stichworte, die Sie bedeutsam finden**
>
> Wahre Herzensträume erkennen, weniger Druck spüren, klare Ziele haben, zufriedener mit dem eigenen Leben sein, innerlich ausgeglichener werden, klare Ziele formulieren können, mit Versagensängsten umgehen lernen, weniger Frust erleben, aktiver werden, entscheidende Schritte tun, weniger Stress haben, optimistischer werden, realistischer werden, Probleme als Herausforderung betrachten, kleine Schritte gehen lernen, sich nicht selbst überfordern, gut mit sich und dem Körper umgehen lernen, das Leben genießen können, Herzenswünsche umsetzen, besser kommunizieren lernen, Kontakte knüpfen können, überzeugender auftreten vor anderen, leistungsfähiger werden, innere Balance leben, gesünder und widerstandsfähiger werden, weniger krank sein, „Nein" sagen können, mehr zu sich stehen können.

Was soll sich in Ihrem Leben ändern?

Schreiben Sie jetzt in Stichworten auf, warum Sie dieses Buch lesen wollen. Was möchten Sie lernen und was ist Ihnen besonders wichtig?

Stellen Sie sich vor, Sie haben das letzte Kapitel des Buches durchgearbeitet. Was soll sich in Ihnen und Ihrem Leben bis dahin verändert haben?

Ihr Unterbewusstsein ist jetzt fokussiert. Das heißt, dass Sie sich ganz unbewusst beim Lesen auf die für Sie wichtigen Bereiche konzentrieren und den Rest etwas vernachlässigen werden. Damit sparen Sie nicht nur Zeit, sondern auch Speicherkapazität Ihres Gedächtnisses. Wir leben in einer Zeit der Informationsfülle, in der es zunehmend wichtiger wird, sich aufs Wesentliche zu konzentrieren und überflüssige Informationen auszublenden.

Und nun wünsche ich Ihnen viel Spaß beim Lesen und Hören!

Wie Sie die CD nutzen können

Die CD wird Sie begleiten

Die CD, die Sie hinten im Buch finden, soll helfen, Ihre mentalen Kräfte zu bündeln. In Trance wird Ihre Motivation gestärkt; die hypnotisch gesprochenen Formeln und die beschriebenen Bilder versetzen Sie zudem in einen erholsamen Entspannungszustand. Sie brauchen weder bewusst zuzuhören noch sich auf die Worte konzentrieren, überlassen Sie die ganze Arbeit Ihrem überaus genialen Unterbewusstsein. Wenn Sie bewusst auf den Text achten, werden Sie manche Formulierungen vielleicht verwirren. Dieser hypnotherapeutische Sprachstil, die Art und Weise, wie Wörter und Satzteile betont werden, sprechen das Unterbewusstsein an und führen Sie in Trance.

Am einfachsten wird es für Sie sein, wenn Sie innerlich loslassen und nur so beobachten, was passiert. Ich höre immer wieder von Seminarteilnehmern, dass sie sich so bemüht hätten, tief zu entspannen, aber sie hätten es einfach nicht geschafft. So funktioniert das natürlich nicht. Sie brauchen Ihren Körper nicht zu zwingen sich zu entspannen – das baut nur inneren Druck auf. Wenn Sie Ihren Körper im wahrsten Sinne des Wortes einfach in Ruhe lassen, dann holt er sich von selbst, was er braucht: nämlich Entspannung. Und dazu können Sie die CD hören, so oft Sie wollen. Sie werden nach einiger Zeit merken, dass Sie einzelne Bilder, die Ihnen gut tun, verinnerlichen und der Prozess mehr und mehr wie von allein abläuft. Dann brauchen Sie die CD nicht mehr und können die Trance selbstständig ablaufen lassen.

Wohin die Reise führt

Die Entspannungsreise beruhigt zunächst Ihre Atmung, weil daran eine psychophysische Entspannungsreaktion gekoppelt ist. Dann werden Sie dazu angeleitet, Ihren persönlichen Ort der Ruhe zu finden, von dem aus Sie entspannt an Ihren Wünschen arbeiten können. Auf einer vorgestellten Leinwand kann Ihr Unterbewusstsein lange verborgene oder vielleicht vergessene Herzensträume und Wünsche projizieren, die dann in erreichbare Nähe gerückt werden. Sie können das Glücksgefühl erleben, das man erfährt, wenn man in Gedanken schon sein Ziel erreicht hat, und genau dieses Gefühl wird Sie dann im Alltag motivieren und Ihnen Kraft spenden. Zum Abschluss bekommen Sie noch einen Anker an die Hand, der dieses Gefühl und Ihre Motivation im Alltagsleben immer wieder aktivieren kann. Genießen Sie also in angenehmer Entspannung diese Trancereise zu Ihren Zielen und Wünschen.

1.
Einleitung:
Dem persönlichen Traum näher kommen

„Nichts hat psychologisch gesehen einen stärkeren Einfluss auf ihre Kinder als das ungelebte Leben der Eltern."
C. G. Jung

Echtsein führt zum Erfolg

Mit Authentizität und Bewusstsein zum Erfolg

Einige Teilnehmer aus meinen Seminaren schrecken zurück, wenn man das Wort „Erfolg" benutzt. Man verbindet mit Erfolg oft übertriebenes Leistungsstreben, inneren Druck und Konkurrenzkampf. Und weil die vermeintlichen Anforderungen viel zu hoch aussehen, wagt man nicht einmal mehr, die persönlichen Lebensträume oder Herzenswünsche ernst zu nehmen. Es ist aber genau umgekehrt: Ein Mensch, der da aktiv wird, wo er mit Fähigkeiten optimal ausgestattet ist, und seine authentischen Ziele verfolgt – sein Potenzial umsetzt – wird ganz automatisch auf kurz oder lang erfolgreich werden.

Vielleicht glauben Sie, dass Erfolg nichts anderes als Glück oder Zufall ist? Und Misserfolg wäre nichts anderes als eine Verkettung unglücklicher Zustände? Wenn Sie die Lebensläufe erfolgreicher Menschen betrachten, werden Sie sehen, dass hinter wahrem Erfolg vor allem ein gefestigter Wille, konsequente Arbeit, Können und die richtige Einstellung stehen.

Das sind die entscheidenden Grundlagen, um erfolgreich zu sein. Man muss zunächst einmal herausfinden, was man wirklich will, denn Erfolg bedeutet für jeden etwas anderes. Für den einen bedeutet Erfolg, die Karriereleiter nach oben zu steigen und schnell seine erste Million zu machen. Für den nächsten sind finanzielle Werte eher unwichtig. Sein Herzenswunsch kann es sein, frei von jeglichem Besitz durch die Welt zu ziehen und nur genug zum Überleben zu haben. Die wahren Herzenswünsche erkennen und dann gut formulierte Ziele daraus entwickeln – das sind die ersten Schritte auf dem Weg in eine erfolgreiche Zukunft. Wenn Sie innerlich von dem, was Sie tun, überzeugt sind, dann strahlen Sie diese Überzeugung auch aus. Ausstrahlen kann man immer nur das, was im Inneren vorhanden ist. Alle Kommunikationstechniken verblassen angesichts der einfachen Worte eines Menschen, der wahrhaft an das glaubt, was er tut.

Aufgezwängte Ziele machen nicht glücklich

Es gibt viele kleine und große Fallen, die verhindern, dass Menschen ihre Potenziale ausschöpfen. Die meisten davon existieren in unseren Köpfen und sind das Ergebnis einer lebenslangen Manipulation von außen, die uns glauben machen will, was gut für uns ist und was uns glücklich machen soll. Beispielsweise glaubt ein Elternteil zu wissen, welcher Beruf gut für seinen Sprössling ist, und will den „kleinen Querkopf" zu seinem Glück zwingen. In den meisten Fällen entspricht das aufgezwängte Ziel gar nicht der Persönlichkeit und den Fähigkeiten des Kindes. Um seinen wahren Berufswunsch umzusetzen, wäre es bereit und hoch motiviert, alles Erforderliche zu tun.

Ich hatte einen Patienten, der unter schwersten chronischen Beschwerden litt. Er erzählte mir, wie unzufrieden und unglücklich er mit seinem Leben wäre, und zeigte eine deprimierte, pessimistische Sichtweise. Er hielt sein Leben für nicht mehr lebenswert. Nach eingehender Befragung erzählte er mir, dass er mit seinem Job völlig unzufrieden war, er aber seiner Mutter auf dem Sterbebett versprochen hatte, die Führung des Familienunternehmens niemals aufzugeben. Er hatte in den letzten sieben Jahren nach ihrem Tod nicht einmal daran denken mögen, das Unternehmen aufzugeben.

Als ich ihn fragte, was denn seiner Meinung nach besser zu ihm passen würde, beschrieb er mir eine Tätigkeit mit mehr Bewegung und weniger Verantwortung. Dabei strahlte er wie ein Schuljunge, und seine Augen bekamen einen sehnsuchtsvollen Glanz. In der darauf folgenden intensiven Arbeit, in der auch die Schuldgefühle gegenüber der Mutter aufgearbeitet wurden, beschrieb er sich schließlich als „Cowboy der Straße". Ungeachtet der finanziellen Einbußen und des gesellschaftlichen Ansehens beschloss er, die Führung des Unternehmens abzugeben und nach einer zu ihm passenden neuen Tätigkeit zu suchen.

Den persönlichen Lebensweg beschreiten

Die Persönlichkeit, unsere Werte und Normen entscheiden über die Art und Weise, wie man seinen Lebensweg beschreitet. Nicht jeder ist ein Power-Typ, der als Manager eines großen Unternehmens geeignet wäre. Ob solch eine Position jeden glücklich und zufrieden stellen würde, wage ich zu bezweifeln. So verschieden, wie die Persönlichkeiten in unserer Gesellschaft sind, so unterschiedlich sind auch die Träume, Ziele und vor allem die Wege, die zum Ziel führen.

Persönliche Lebensgeschichte bewusst machen

Nehmen Sie sich einige Minuten Zeit, um Ihre Lebensgeschichte in Gedanken etwas zurückzuspulen.

Welche Vorstellungen hatten Ihre Eltern oder Großeltern, wie Sie Ihr Leben gestalten sollten? Welche Empfehlungen haben Sie bekommen?

Wovon haben Sie als Kind geträumt? Was haben Sie gern gespielt und was hat Ihnen daran besonders gefallen?

Was von dem, was Sie jetzt beruflich und privat tun, passt zu Ihnen und woran spüren Sie das?

Was passt nicht und warum passt es nicht zu Ihnen?

Ändern Sie Ihre Zukunft und machen Sie Erfolg unvermeidlich

Würden Sie Ihr Leben ändern, wenn Sie wüssten, was Sie in der Zukunft erwartet? Würden Sie dann all Ihre Träume und Wünsche Wirklichkeit werden lassen? Vielleicht würden Sie genau heute in diesem Moment noch damit beginnen, wichtige Entscheidungen zu treffen. Die Basis für Erfolg ist die Klarheit der eigenen Ziele. Sie müssen wissen, was Sie anstreben, um etwas zu erreichen. Ein Mensch, der durch klare Ziele bestimmt ist, entwickelt automatisch tiefe Begeisterung für sein Tun und gewinnt eine natürliche Überzeugungskraft. Nachdem Sie sich das Erreichen eines Ziels lebhaft vorgestellt und die nötigen Voraussetzungen geschaffen haben, wird es Ihnen wesentlich leichter fallen, diesen Weg auch tatsächlich zu gehen.

Wenn Sie für einen Augenblick in Ihrer Vorstellung zu jenem zukünftigen Ich werden, das sein Ziel schon erreicht hat, können Sie von dort aus auf die Schritte und Handlungen zurückblicken, die Sie zwangsläufig zu diesem Ergebnis führen. Ihr Unterbewusstsein wird alle vorgestellten Bilder und Informationen abspeichern. Anschließend kehren Sie mit der Erinnerung an diesen Plan in die Gegenwart zurück, um die Voraussetzungen für Ihren Erfolg zu schaffen. Genau dazu nutzen Sie bitte die CD „In Ruhe zum Erfolg", die dem Buch beigelegt ist. Um Erfolg unvermeidlich zu erreichen, müssen Sie Ihr Gehirn dazu bringen, den ganzen Tag über Ihr Ziel zu verfolgen. Am besten funktioniert das natürlich, wenn Sie diese Arbeit Ihrem Unterbewusstsein übertragen. Denn Ihr Bewusstsein wird sich mit vielen Details beschäftigen müssen und kann nicht ständig an ein Ziel denken.

Zeitsprung in die Zukunft

Lassen Sie sich für das folgende mentale Experiment zwei Minuten Zeit. Schließen Sie nach jedem Satz die Augen, um Ihre Vorstellungskraft anzuregen.

Stellen Sie sich vor, ...
- Sie machen jetzt einen Zeitsprung in die Zukunft, und zwar genau 5 Jahre in Ihre Zukunft. Wie sieht die Welt aus? Was hat sich in den 5 Jahren verändert?

Und jetzt begegnen Sie Ihrem zukünftigen Selbst.
- Wie sehen Sie aus?
- Was ist aus Ihrem Leben geworden?
- Welche Chancen haben Sie genutzt und welche blieben ungenutzt?
- Was würde Ihr 5 Jahre älteres Ich dem jüngeren raten?

Ihr stärkster Verbündeter – das Unbewusste
„Programmieren" Sie Ihr Unterbewusstsein

Die Grundlage für Motivation und Durchhaltevermögen im Leben ist eine positive Geisteshaltung oder Grundeinstellung. Es gibt Glaubenssätze wie zum Beispiel: „Ich gebe doch sowieso frühzeitig auf, weil alles zu schwer für mich ist", welche die innere Motivation blockieren und dem wahren Persönlichkeitskern keine Chance zur Umsetzung der Herzenswünsche geben. Einstellungen und Glaubenssätze sind mehr oder weniger tief im Unterbewusstsein verankert und wurden durch die persönliche Lebensgeschichte geprägt. Innere Blockaden können durch einen relativ simplen Prozess umgewandelt werden, den ich in Kapitel 7, Blockaden überwinden lernen, eingehend beschreiben werde. Ein positiver, fördernder Glaubenssatz wäre beispielsweise „langsam und stetig gehe ich auf meinem Weg voran, vorbei an allen Hindernissen, mein

Ziel vorm geistigen Auge". Diese innere Einstellung programmiert das Unterbewusstsein langfristig auf das Ziel. Die Grundvoraussetzung für Erfolg ist gegeben, Bewusstsein und Unterbewusstsein arbeiten Hand in Hand an der stetige Umsetzung.

In Ruhe zum persönlichen Erfolg

Die beiliegende CD unterstützt diesen Prozess, indem sie tief in Ihrem Unterbewusstsein entscheidende Schritte einleitet. Sie lernen Ihre innersten, wahren Herzenswünsche kennen – das, was Sie wirklich wollen und was Ihnen wichtig ist. Diese Erkenntnis zu bekommen ist der wichtigste Schritt, um authentische, passende Ziele für sich zu entwickeln. Sie wird Ihre Motivation von innen stärken, um wirklich an Ihrem Ziel anzukommen. Man könnte sagen, dass Sie Ihr eigenes Unterbewusstsein auf Umsetzung der Träume „programmieren", Ihre Potenziale anzapfen und eine dauerhafte positive innere Grundeinstellung stabilisieren. So können Sie auf Ihrem Weg zum Ziel auch mit möglichen Rückschlägen besser fertig werden.

Als Zuhörer können Sie in einem angenehm entspannten Zustand vom Alltagsstress regenerieren und arbeiten dabei gleichzeitig aktiv an Ihrer Lebensgestaltung. Natürlich können Sie die CD dazu so oft hören, wie Sie möchten. Am besten legen Sie die CD ein, wenn Sie das Gefühl haben, eine kurze Ruhepause zu benötigen. Die halbe Stunde, die Sie sich auf diese Weise gönnen, ist keine vergeudete Zeit, sondern eine sinnvolle Investition in Ihre Zukunft und in Ihre Gesundheit. Die gesprochenen Formeln helfen bei der Arbeitsteilung von Bewusstsein und Unterbewusstsein. Während der bewusste Verstand ohne Zwang zum Zuhören die Gedanken vorbeiziehen lassen und abschalten kann, arbeitet das Unterbewusstsein an Möglichkeiten zur Umsetzung der persönlichen Potenziale und fördert womöglich lange verdrängte oder einfach nur vergessene Herzenswünsche zutage.

„Die Geschwindigkeit erzeugt Leere, die Leere treibt zur Eile."
Paul Vivillo

Das Prinzip der kleinen Schritte

Man muss nicht sein ganzes Leben auf den Kopf stellen, um seinen Zielen näher zu kommen. Meistens reicht eine winzige Veränderung – ein Quantensprung –, um eine tief greifende Änderung im Leben nach sich zu ziehen. Wenn ich zum Beispiel andere weniger verurteile, dass sie ihren „verrückten Hirngespinsten" nachgehen, und stattdessen selbst ein klein wenig mehr Zeit und Energie darauf verwende herauszufinden, was mir persönlich wichtig ist, dann ist der erste große Schritt getan. Ich werde Stück für Stück – in winzigen Quantensprüngen – bewusster über meine Ziele, über mein Potenzial und über das, was mich davon abhält. Weil weniger mehr sein kann, soll auch dieses Buch so kurz und praktisch wie möglich die Dinge auf den Punkt bringen. Das „Prinzip der kleinen Schritte" erlaubt außerdem, dass man sich gemütlich und ohne großen Druck seinem Ziel nähert. Weniger Stress und mehr Lebensgenuss sind die Folge, wenn Sie sich mit allem genug Zeit lassen und die Dinge nicht überstürzen. Mit kleinen Schritten stetig sein Ziel verfolgen ist auch allemal sicherer und bequemer, als große Sprünge zu wagen.

„Ich habe einfach die Energie genommen, die man zum Schmollen braucht, und einige Bluesstücke geschrieben."
Duke Ellington

Vielleicht kennen Sie das Beispiel aus der Chaostheorie, dass ein einziger Flügelschlag eines Schmetterlings über China über eine lange Kette von Reaktionen letztlich einen Wirbelsturm in Europa auslösen kann? Eine Entscheidung oder Handlung von Ihnen kann genauso Ihr Leben entscheidend verändern und Sie in ein anderes „Universum" katapultieren.

Persönliche Lehrgeschichte

Erinnern Sie sich an ein Ereignis in Ihrem Leben, wo einen kleine Veränderung eine große Wirkung zur Folge hatte. Schreiben Sie diese persönliche Lehrgeschichte in Stichworten nieder.

Schaffen Sie die Basis für Erfolg

Klare Zielvorstellungen entwickeln

Es gibt einige Grundvoraussetzungen, genauer gesagt sind es bestimmte Eigenschaften, die es Menschen ermöglichen, leichter, gesünder und schneller am Ziel ihrer Träume anzukommen. Die meisten Kapitel des Buches beziehen sich auf das Training der folgenden Eigenschaften:

Ein erfolgreicher Mensch ist grundsätzlich in der Lage, Ihnen sein Ziel sehr eindrucksvoll und überzeugend zu beschreiben. Er besitzt eine sehr klare Vorstellung von dem, was er erreichen will. Wie sein Zielzustand aussehen und wie er sich dabei fühlen wird, ist fest in seinem Geist verankert. Sein Gehirn hat ein klares Bild entwickelt und ist mit allen seinen Sinnen aktiv, diesem Bild Leben einzuhauchen. Da intensive Vorstellungen für unser Gehirn bereits Realität sind, sind wir quasi mit einem Bein schon fest in diesem zukünftigen Wunschzustand verankert. Das stärkt wiederum die Motivation, in Richtung Ziel zu gehen, und lässt Rückschläge leichter verdauen. Bei aller Zielklarheit sei erwähnt, dass eine gewisse Flexibilität dringend erforderlich ist. Genau wie sich unsere Lebensumstände dauernd verändern, ändern sich in einzelnen Lebensphasen auch unsere Wünsche und Träume.

Positive mentale Einstellung

Der Pessimist sieht immer nur das Negative. Der Optimist verliert manchmal vor lauter Schönseherei die Realität aus den Augen. Wie bei allen Extremen ist das eine genauso wenig nützlich wie das andere. Realistischer Optimismus kombiniert die positiven Seiten beider Pole: die optimistische Einstellung, dass zunächst alles möglich ist, mit der Fähigkeit, Grenzen und Risiken wahrzunehmen und Vorsichtsmaßnahmen vorausschauend zu planen. Genau hier sehe ich auch die Grenzen des so genannten positiven Denkens. Was nützt es einem sich einzureden, wie schön doch alles ist, wenn man sich mit seiner Situation, beruflich oder privat, nicht wohl fühlt. Zu klären, was einem fehlt oder welche Situation besser zu einem passt, authentischer im Leben zu werden, gehört zur Lösung des Problems dazu und ist ein weiterer Schritt.

Lösungsorientiertes Denken

Probleme kann man auch als Herausforderung betrachten, als neuen Lernschritt, den man auf seinem Weg zum Ziel gehen muss. Anstatt Problemen und Konfrontationen aus dem Weg zu gehen und vor Schwierigkeiten den Kopf in den Sand zu stecken, kann man zu solchen Dingen eine positivere innere Haltung entwickeln. Am Anfang mag es für den Untrainierten noch gewöhnungsbedürftig sein, bei Rückschlägen oder Schwierigkeiten aufrecht stehen zu bleiben und sich ihrer anzunehmen. Spätestens nach zweimaligem Erfolg mit dieser Aktivmethode ist man innerlich angestachelt, weiter an diesen Dingen zu wachsen. Ein Mensch wächst auch an den Schwierigkeiten, Problemen und Rückschlägen, die sich ihm in den Weg stellen, nicht nur an den positiven Dingen, die er sich selbst als Herausforderung stellt.

Sich seiner selbst bewusst sein

Im wahrsten Sinne des Wortes heißt Selbstbewusstsein, dass man sich seiner selbst, seinen Fähigkeiten, Stärken und Schwachstellen, bewusst ist. Die eigenen Fähigkeiten kennen und weiter entfalten ist ein lebenslanger Lernprozess. Da sich Menschen ständig verändern, entdeckt man auch immer neue Seiten oder Wünsche an sich. Auch veränderte Lebensumstände bringen manchmal Fähigkeiten oder Talente von Menschen zum Vorschein. Zum Beispiel entwickeln viele Personen in einer lebensgefährlichen Situation ungeahnte Kräfte, Heldenmut und Überlebenswillen, den sie sich vorher nicht hätten träumen lassen. Aus einer wachsenden Selbsterkenntnis entspringt letztlich der Mut, Dinge zu wagen, an die man vorher nicht einmal hätte denken mögen.

Unmittelbares Feedback annehmen

Die Fähigkeit, unmittelbare Rückmeldungen über seine Handlungen oder sein Verhalten einzuholen und auszuwerten, ist von entscheidender Bedeutung für die Geschwindigkeit, mit der sich jemand verändern und lernen kann. Es beinhaltet die Stärke, konstruktive Kritik von außen annehmen zu können. Dadurch kann eigenes Fehlverhalten schnell erkannt und korrigiert werden. Die Grundlage für Kritikfähigkeit ist die Kenntnis der eigenen Stärken und Schwächen. Wenn ich meine Schwachpunkte kenne, ich aber genauso um meine Talente und Fähigkeiten weiß, dann kann ich mir eher mal einen Fehler eingestehen. Eine Kritik haut mich dann nicht mehr so um, wenn mein bewusstes Potenzial mir den Rücken stärkt.

Inneres Gleichgewicht halten

Die Shaolin-Mönche und Yogis wissen seit Jahrtausenden: Alle Bewegung kommt aus der Ruhe. Deshalb gehören Stillstand und Bewegung zusammen und sind eins. Nur aus der Langsamkeit entsteht die Geschwindigkeit und die Kraft, seine Ziele auf lange Sicht zu verfolgen und mit körperlichem und seelischem Wohlbefinden zu erreichen. Was nutzt es einem denn, seinen Lebenstraum verwirklicht zu haben, aber auf dem Weg zum Ziel gelitten und seinen Körper durch den Dauerstress geschädigt zu haben? Wie viele Menschen rackern sich ab, quälen sich mit Versagensängsten und innerem Leistungsdruck, setzen sich ihre Ziele unrealistisch hoch, bis sie chronisch erkranken. Eine gesunde Art und Weise, seine Ziele zu verwirklichen, beachtet vor allem den Weg dorthin und legt auf einen Zustand des inneren Gleichgewichts, der Muße und des Genusses Wert.

Weitere Erfolgsfaktoren

Es gibt noch eine ganze Reihe anderer Erfolgsfaktoren, wie zum Beispiel Beziehungen zu Menschen aufbauen und pflegen zu können, mit System zu planen oder sich überzeugend darstellen zu können. Diese wichtigen Themen werden in weiteren Büchern behandelt. In diesem Buch geht es zunächst darum, den inneren Kern der Persönlichkeit durch Selbstbewusstsein, Authentizität und innere Balance zu stärken. Auf dieser Basis lernen Sie später viele Techniken, um erfolgreicher in allen Unternehmungen zu werden.

Erfolgsvoraussetzungen optimieren

In welchen der oben aufgeführten Eigenschaften können und wollen Sie an sich arbeiten, um Ihre persönlichen Erfolgsvoraussetzungen zu optimieren? Was möchten Sie verbessern?

2.
Motivation und Leidenschaft entfachen

„Ziele nach dem Mond.
Selbst wenn du ihn verpasst,
wirst du zwischen den Sternen landen."
Les Brown

Vom Sinn des Träumens – Herzenswünsche beflügeln

Die Leidenschaft des Lebens finden

Ein Mensch, der seine Herzenswünsche verwirklicht und seine Träume lebt, ist von innen heraus hoch motiviert und arbeitet wie beflügelt an allem, was nötig ist, um diesen Zielen näher zu kommen. Er hat das Feuer seiner Leidenschaft entfacht und kann damit sogar andere für seine Ideen entzünden. Alle erlernbaren Kommunikationstechniken verblassen angesichts der einfachen Worte eines Menschen, der wahrhaft an das glaubt, was er tut. Meine Forderung an Sie ist: Treten Sie zu Ihrem inneren Enthusiasmus in Kontakt und finden Sie die Leidenschaft Ihres Lebens. Entdecken Sie, was Sie wirklich interessiert und bewegt, und fragen Sie sich auch im gleichen Atemzug: Was lieben Sie so sehr, dass Sie etwas dafür bezahlen, um es tun zu können?

Der Regisseur Steven Spielberg fand schon sehr früh seine Passion, Filme zu machen. Er fing im Alter von acht Jahren an, erste Filme zu kreieren. Er gelangte zu der Überzeugung, seine Mission im Leben sei, mithilfe dieses Mediums Geschichten zu erzählen. Spielberg ist ständig kreativ tätig, weil für ihn das Filme-Machen, wie er selbst sagt, wie Spielen ist. Er veranschaulicht durch sein Lebenswerk, was passieren kann, wenn wir tun, was wir gerne tun, und wenn wir genau im Zentrum unserer Talente und Interessen aktiv sind.

„Ich bin genau da, wo ich hingehöre,
im Auge des Sturms, wo meine Interessen, meine Talente,
meine Passionen gebündelt sind."
Irvin D. Yalom

Stellen Sie eine Liste von Menschen zusammen, die Sie bewundern. Was genau bewundern Sie an Ihnen. Möglicherweise haben Sie gleiche berufliche Interessen, Wünsche, Vorlieben oder Fähigkeiten wie Sie. Richten Sie Ihre Aufmerksamkeit auf Sie. Träumen Sie ruhig davon, wie Sie zu sein, und stellen Sie sich Ihr Leben wie in einem Film vorm geistigen Auge vor. Seien Sie mutig und ehrlich zu sich selbst. Manchmal wagen wir nicht, von etwas zu träumen, aus Angst, es nicht erreichen zu können, aus Angst vor Enttäuschung. Wenn Sie aber nicht einmal wissen, in welche Richtung Sie wollen, wie können Sie dann erwarten, jemals irgendwo anzukommen?

Wer fasziniert Sie?

Schreiben Sie eine Liste von Menschen, die Sie bewundern. Notieren Sie in Stichworten, was genau Sie an diesen Menschen fasziniert.

Wagen Sie zu träumen!

Ein Teilnehmer aus einem meiner Motivationsseminare weigerte sich strikt, seine Herzenswünsche niederzuschreiben. Das wäre ja sowieso alles unnütz, da er sie nie erreichen oder umsetzen könne. Als ich mich später in einem Einzelcoaching mit dem Fall beschäftigte, stellte sich heraus, dass sein Wunsch gar nicht so abgehoben war, wie er ihn persönlich eingeschätzt hatte. Er träumte von einem Leben an der Nordseeküste, wo er als Junge mit seinen Großeltern immer gewesen war.

Da er eine feste Anstellung im äußersten Süden Deutschlands hatte und auf gar keinen Fall die Firma verlassen wollte, sah er das gesamte Unterfangen als zum Scheitern verurteilt an. Er hatte es bisher nicht gewagt, nur einen Schritt in Richtung Norden zu machen. Nach ausführlicher Planarbeit, was er alles tun könnte, um nach Hamburg, seinem Traumwohnsitz, zu ziehen, öffnete er sich seiner Idee gegenüber mehr und mehr. Und je konsequenter und logischer ihm die Schritte zum Ziel vorkamen, desto mehr glänzten seine Augen, als er schließlich verkündete: Ich wohne in vier Jahren in Hamburg.

„Nicht weil die Dinge schwierig sind, wagen wir sie nicht, sondern weil wir sie nicht wagen, sind sie schwierig."
Seneca

Wovon wagen Sie beinahe nicht zu träumen? Schreiben Sie hemmungslos alles auf, was Ihnen einfällt. Dies ist ein Brainstorming, um an verschüttete Ideen und Träume heranzukommen. Also verurteilen Sie in diesem Schritt Ihre Gedanken nicht. Mit der realistischen Umsetzung beschäftigen wir uns später. Sie können an dieser Stelle gut die CD einsetzen.

Träume wagen

Notieren Sie hier Ihre Lebensträume oder geheimen Wünsche:

Stellen Sie eine Liste der Dinge zusammen, die Ihnen am meisten Spaß machen und wobei Sie sich wohl fühlen:

Bewusst mit der eigenen Lebenszeit umgehen

Stellen Sie sich vor, Ihre gesamte Lebenszeit wäre wie ein Konto, von dem Sie für jeden Tag, jede Stunde einen Zeitschein zahlen. Überlegen Sie, wie viel bewusster Sie mit Ihrer Lebenszeit und mit Ihren Herzenswünschen umgehen würden. Wie würden Sie Ihr Leben dann gestalten? Um an seine wahren Ziele heranzukommen, ist es wichtig herauszufinden, was Ihr Unbewusstes will. Das Unbewusste teilt seine Wünsche durch Träume und Visionen mit. Wenn Unterbewusstsein und Bewusstsein am gleichen Strang ziehen, dann ist das Fundament für Zufriedenheit und Wohlbefinden gegeben.

Schreiben Sie das Drehbuch Ihres Lebens

Wie würden Sie diese Szene beschreiben, wenn Sie das Drehbuch zu einem Film schreiben würden? Wie heißt dieser Film? Welche Eigenschaften hat die Hauptperson? Geben Sie klare Regieanweisungen für diese Szene in Ihrem Film, die Sie gerade in Ihrer Traumvision entwickelt haben. Denken Sie so oft wie möglich an diese Szene – vielleicht haben Sie auch schon eine passende Hintergrundmusik parat – und verinnerlichen Sie sie so oft es geht. Durch Wiederholung dieser Vorstellung wird das Bild im Gehirn fest verankert und immer realer. Was Sie jetzt noch für Ihren Film brauchen, ist die Geschichte, wie es zu dieser Szene – dem optimalen Tag oder Leben – kam. Was hat die Hauptperson getan, was hat sie für Eigenschaften und Fähigkeiten an den Tag gelegt, um dieses Leben schließlich leben zu können? Was können Sie vielleicht von Ihrer Hauptperson lernen? Finden Sie Symbole in Form von Gegenständen, Bildern, Fotos oder Musikstücken, die Sie an Ihre Zukunftsvision erinnern. Wie die Kraft eines Amulettes können auch diese Symbole magische Kräfte entfalten, Ihrer Vision Leben einhauchen und Ihnen die Energie geben, am Ball zu bleiben.

Der optimale Tag

Nehmen Sie sich 10 Minuten Zeit und träumen Sie! Erträumen Sie sich ganz bewusst, wie Ihr optimaler Tag aussieht. Wie leben Sie in Ihrer Wunschvorstellung? Beschreiben Sie danach in Stichworten:

Wo leben und wie wohnen Sie?

Welche Personen sind anwesend?

Welche Dinge, Pflanzen, Tiere usw. umgeben Sie?

Was tun Sie und wie?

Wie sieht Ihr Tagesablauf (Monatsplan) aus und wie fühlen Sie sich?

Finden Sie persönliche Kraftsymbole

Während meiner Klinikzeit hatte ich einmal eine Patientin – eine etwa 40-jährige Frau –, die an ihrer Passivität litt, sich nie gegen verbale Angriffe wehrte und sich schließlich in Depression und Selbstmitleid ergab. Als ich sie fragte, ob sie schon jemals Energie gehabt hätte, erinnerte sie sich an bestimmte Situationen in ihrer Jugend. Sie hatte also die Fähigkeit, sich zu wehren und aktiv zu sein, für sich selbst einzustehen. Ich fragte sie, ob es irgendwas gäbe, was sie mit diesem Gefühl verbinden würde, und sie antwortete spontan, ohne lange zu überlegen: „Die Farbe ROT." Am nächsten Tag erfuhr ich von Kollegen, dass die besagte Patientin in der ganzen Klinik für Aufsehen sorgte. Sie hatte sich komplett in Rot gekleidet, aber was noch viel eindrucksvoller war, war ihr plötzliches Selbstvertrauen, ihr Mut und die Energie, die sie ausstrahlte. Die Farbe Rot hatte ihr symbolisch die Kraft gegeben, einen alten Persönlichkeitsteil von ihr wieder zu beleben, der schon lange in Vergessenheit geraten war.

Suchen Sie also nach Kraftsymbolen, die Sie an Ihre Vision erinnern, die Ihrem Ziel Leben einhauchen. Verteilen Sie diese Symbole überall dort, wo Sie kreativ werden, arbeiten oder sich entspannen. Sie sollen sich mit den Symbolen wohl fühlen und Kraft tanken, keinen Druck erzeugen.

Klären Sie Ihre Ausgangsposition

„Jedes Mal, wenn du nicht deiner inneren Führung folgst, spürst du einen Verlust an Energie und Macht, wie ein Gefühl geistiger Totenstarre."
Shakti Gawain

Machen Sie sich vollbrachte Leistungen bewusst

Selbstverständlich brauchen Sie für Ihren Weg ans Ziel Kraft, Ausdauer und Disziplin, in dem Sinne, dass Sie kontinuierlich und Schritt für Schritt alles tun, was nötig ist. Mein damaliger Chefarzt sagte immer: „Der Mensch ist zäh wie eine Ratte." Es ist unglaublich, wie viel Durchhaltevermögen und Zähigkeit der menschliche Körper im täglichen Kampf gegen Umwelteinflüsse und Krankheitskeime zeigt. Das Immunsystem ist bei einer Erkrankung zwar für eine Zeit lang geschwächt, eventuell bricht es sogar für kurze Zeit zusammen. Doch letztlich geht es gestärkt aus einer Krise hervor. Jeder Mensch besitzt naturgegeben diese Eigenschaften, nur waren die Umstände vielleicht bisher nicht extrem genug, um diese zu zeigen. Wahrscheinlich haben Sie in Ihrer Lebensgeschichte Ihre natürliche Zähigkeit schon öfter unter Beweis stellen müssen. Schauen Sie kurz zurück auf alles, was Sie bisher erreicht und durchgestanden haben: Ereignisse, die Sie in Ihrer persönlichen Lebensgeschichte durchgestanden und gemeistert haben, wie zum Beispiel Schulabschlüsse, Prüfungen, Schicksalsschläge oder widrige Umstände. Welche Eigenschaften haben Sie außerdem in diesen Phasen Ihres Lebens bewiesen, welche Fähigkeiten haben Sie sich zusätzlich gewünscht und welche haben Sie sich im Laufe der Ereignisse angeeignet?

Notieren Sie alles, was Sie bisher in Ihrem Leben gemeistert haben – alle kleinen und großen Ziele, die Sie bisher erreicht haben. Wenn Sie sich diese Liste hinterher anschauen, werden Sie vielleicht verblüfft sein, was Sie schon geschafft haben und wie zäh Sie in Wirklichkeit sind.

Was hat Sie bisher davon abgehalten, Ihre Träume zu realisieren?

Ich schlage vor, dass Sie nun alle Hindernisse, also das, was Sie bisher davon abgehalten hat, ihre Ziele konsequent umzusetzen, ansehen und analysieren. Denn das ist doch der eigentliche Grund, warum Sie bisher nicht alles unternommen haben. Sonst würden Sie jetzt nicht dieses Buch lesen. Was also hat Sie bisher abgehalten? Zählen Sie so ehrlich wie möglich alle Störungen, Probleme, Hindernisse und Schwierigkeiten auf, auch wenn diese nur in Ihren täglichen Gedanken vorkommen.

Zählen Sie in Stichworten alle äußeren Hindernisse auf, alle negativen und unsinnigen Gedanken, Befürchtungen oder Ängste, die Ihnen im Alltag so durch den Kopf gehen. Was hat Sie bisher davon abgehalten oder gebremst, Ihre Träume umzusetzen?

Hindernisse klären – und der Weg ist frei

Vielleicht fragen Sie sich jetzt, warum Sie sich überhaupt auf das Negative konzentrieren sollen? Nun, es ist wichtig, sich reale Hindernisse vor Augen zu führen, um sie tatkräftig anzugehen und zu beseitigen. Schönseherei nach dem Motto „Ich muss bloß positiv denken" nützt hier gar nichts. Durch Verdrängen oder Beschönigen werden existierende Stolpersteine in Ihrem Leben nicht beseitigt. Wenn Sie die Hindernisse klar erkennen, können Sie diese auch lösen. Aus diesen negativen oder störenden Aspekten in Ihrem Leben ergeben sich dann neue Ziele für Sie.

Ich hatte einmal einen Patienten, der sehr darunter litt, keine stabile Beziehung zu haben. Der andauernde Ärger mit kurzen und neuen Liebschaften kostete ihn viel Energie und lenkte ihn von seiner Arbeit und seinen Zielen zu sehr ab. Aus diesem Problem musste er zunächst für sich ein Ziel formulieren, damit er innerlich und unbewusst auf die Suche gehen konnte. Nach einem intensiven Coaching formulierte er es schließlich so: „Ich möchte nach einer stabilen Partnerschaft suchen, die mir Nähe, Vertrauen und Geborgenheit gibt." Dieses gut formulierte Ziel klang für ihn realistisch, und er begann erste Schritte zu planen, wie er eine feste Beziehung möglich machen konnte.

Hindernisse klären?

Wenden Sie sich wieder Ihrer Liste mit Hindernissen und negativen Gedanken zu. Unterteilen Sie diese in 2 Gruppen: reale Hindernisse und hinderliche Gedanken. Umkringeln Sie die realen Hindernisse mit einem Rotstift, wir werden später auf diese zurückkommen und sie bearbeiten.

Gedankenchaos lichten und reale Voraussetzungen erkennen

Kennen Sie das auch, wenn einem in einer schlechten halben Stunde alle möglichen unsinnigen und negativen, selbstabwertenden Gedanken durch den Kopf jagen? Sie können dieser Energieverschwendung Einhalt gebieten, indem sie die negativen Gedanken zunächst einmal ernst nehmen. Alle abwertenden Gedanken haben Ursachen. Meist stecken Ängste dahinter. Formulieren Sie diese Negativ-Gedanken so um, dass sie zu neuen Zielen werden, zum Beispiel ein Gedanke wie „Ich kann doch sowieso nix richtig" könnte bei näherer Betrachtung umgewandelt werden in „Ich werde einfach mehr lernen, um ein sicheres Gefühl zu haben". Diese Technik wird in Kapitel 6 „Blockaden überwinden lernen" noch eingehend behandelt werden, wo es darum geht, die positive Absicht hinter Ängsten und Befürchtungen zu erkennen.

Gedankenchaos ordnen

Räumen Sie auf in Ihrer Gedankenwelt. Nehmen Sie sich Ihre Liste mit den negativen, Energie verschwendenden Gedanken vor. Finden Sie zunächst für die abwertenden Gedanken eine Umformulierung, mit der Sie sich wohl fühlen und die ein neues Ziel entwirft.

Veranschaulichen Sie sich jetzt noch, welche Ressourcen Sie nutzen können, auf welche Sicherheiten Sie in Ihrem Leben zurückblicken können. Das hilft Ihnen, einen Teil Ihres Potenzials, also die realen Voraussetzungen, besser einzuschätzen. Sehen Sie klar, auf welche Grundlagen Sie bauen können und was Ihnen helfen kann, Ihren Weg zum Ziel auch tatsächlich zu gehen.

Welche positiven Aspekte gibt es in Ihrem Leben, die Sie bisher nutzen konnten, auf die Sie sich verlassen konnten? Was sind Ihre Ressourcen, z. B. stabile Beziehung, Gesundheit, Familie, Freunde, Ehrgeiz, Durchsetzungskraft, Sensibilität, Berufserfahrung ...?

Hindernisse aus dem Weg räumen

„Besiegen" Sie Ihre Angst

Es gibt zunächst ein inneres Hindernis, welches verhindert, dass Sie genau das tun, was Sie wollen. Es ist die Angst, Rückschläge aushalten zu müssen, zu versagen oder sich zu blamieren, wenn man sich beweisen muss. Das Irrationale an dieser Angst ist, dass Sie einem von vornherein die Möglichkeit nimmt, sein Können unter Beweis zu stellen. Dies ist auch die häufigste Ursache von Lampenfieber oder Blackouts in Prüfungen. Steigert man sich ausreichend in diese Angst hinein, wird sie zur selbst erfüllenden Prophezeiung. Das, was Sie verhindern wollen, tritt tatsächlich ein, wenn Sie sich nur genug darauf konzentrieren. Man muss sich etwas nur lange genug einreden und es funktioniert.

Hören Sie auf, sich damit zu beschäftigen, was alles schief gehen könnte, und denken Sie daran, wie schön es ist, Ihre Ziele zu verfolgen. Sie haben die freie Wahl, über Ihre Einstellung zu entscheiden und sich Ihre eigene Realität zu schaffen. Wenn Sie wie viele Menschen glauben, dass Rückschläge im Leben riesige Stolpersteine sind, die Sie zu Boden zwingen können und Ihnen die Kraft rauben, dann wird es so sein. Viel erfolgversprechendere und gesündere Einstellungen sind folgende Beispiele: Stolpersteine umgehen zu lernen oder an Rückschlägen innerlich zu wachsen, Rätsel zu lösen oder seine Willenskraft anhand von Rückschlägen im Leben zu beweisen. Lesen Sie dazu später im Kapitel 6, wie Sie innere Blockaden auflösen und die positiven Aspekte erkennen, die sich hinter diesen verbergen.

Neid als Form der Anerkennung

Lassen Sie uns noch ein weiteres Phänomen betrachten, welches ich hier Widerstand nennen möchte. Sie spüren es am deutlichsten, wenn Sie anderen dabei zuschauen, wie diese ihre Träume verwirklichen. Oft erwischen Sie sich vielleicht dabei, andere heimlich zu verurteilen, begegnen denen, die so „frech" sind und es wagen, ihre Träume auszuleben, mit Unverständnis und Abwehr. Manche Menschen sind innerlich so verbittert, dass sie versuchen auch andere auszubremsen. Denn diese Leute leben einem vielleicht vor, was man selbst tun könnte. Und diese vorgelebte Wahrheit tut weh, wenn man sich selbst blockiert fühlt und nicht seinen eigentlichen Weg geht. Hinter diesem inneren Widerstand steckt oft Angst, die Befürchtung zu versagen. Man bleibt lieber auf seinem Weg vorzeitig stecken, weil es angeblich sicherer ist, ihn gar nicht erst zu beschreiten. Fragen Sie sich doch einmal, worauf Sie im Grunde Ihres Herzens wirklich neidisch sind! Neid ist eine Form der Anerkennung. Wenn Sie sich dann innerlich von Ihren Blockaden befreien, wird sich der Neid in reine Bewunderung verwandeln. Diese Bewunderung wirkt dann eher inspirierend als abschreckend.

Konzentrieren Sie sich einen Moment auf die Menschen, die Sie bewundern, denen Sie am brennendsten gleichen wollen. Möglicherweise haben Sie ähnliche Interessen, Fähigkeiten oder Sehnsüchte?

Der Umgang mit „Energievampiren"

„So ein Unsinn", „völlig unrealistisch" oder „der ist doch völlig abgehoben" sind häufige Äußerungen von Menschen, die ihren eigenen Herzenswunsch verdrängen und ihre Möglichkeiten selbst nicht nutzen. Das eigene Potenzial, was wie ein ungeborgener Schatz in jedem von uns steckt, bleibt brach liegen. Wie viel sinnvoller wäre es, die Zeit und Energie, die man zum Frustschieben und Bekämpfen anderer braucht, umzuwandeln und für das Umsetzen seiner eigenen Lebensträume einzusetzen. Solche Leute wirken auf einen Menschen, der gerade von der Umsetzung seiner

Träume schwärmt, wie Energievampire. Sie können versuchen, dieser Person, die Ihnen die Energie geradezu absaugt, mit Verständnis zu begegnen. Ich habe es häufig erlebt, dass verbitterte Menschen sich plötzlich öffnen, wenn man sie vorsichtig nach ihren eigenen Lebensträumen fragt. Oft bekamen diese Personen, die innerlich so vertrocknet wirkten, einen schimmernden Glanz in die Augen, wenn sie von einem lange gehegten Wunschtraum sprachen. Sie können diese Menschen nicht dazu bringen, ihre Träume umzusetzen, aber mit gutem Beispiel vorangehen und damit beweisen, dass es funktioniert.

Probleme in Angriff nehmen

Betrachten Sie jetzt noch einmal Ihre Liste der realen Schwierigkeiten und Hindernisse, die Sie im vorherigen Kapitel aufgestellt haben. Sie können versuchen, nach folgendem Schema die Probleme in Angriff zu nehmen: Durchleuchten Sie die gefundenen Hindernisse oder Probleme auf ihre Ursachen! Dann generieren Sie Lösungsvorschläge und schließlich überprüfen Sie diese auf ihre Umsetzbarkeit!

Ein sehr realistisches Problem einer meiner Seminarteilnehmer war sein riesiger Schuldenberg, der sich vor ihm auftürmte und ihm im wahrsten Sinne des Wortes den Blick auf seine Ziele verwehrte. Für dieses Problem musste er zunächst eine Lösung finden. Erst dann konnte er mit seiner konkreten Zielplanung beginnen. Die Ursache für seine finanziellen Belastungen war ihm recht schnell bewusst: Er hatte mehrere Ehen mit Kindern geschieden und musste vielen Frauen Alimente zahlen. Außerdem war er ein Lebemann, der sich gern amüsierte und das Geld freizügig ausgab. Ihm war bewusst geworden, dass er zunächst etwas an seinem Umgang mit Geld ändern musste. In zweiter Hinsicht war ihm sogar klar geworden, dass er mit seinen Beziehungen ähnlich umgegangen war wie mit seinen Finanzen. Anstatt wie bisher in Selbstmitleid zu versinken und sich wegen dieser Fehler im Leben zu bedauern, fing er nun an, nach aktiven Lösungen zu suchen. Als Erstes wollte er sein Verhältnis zum Geld ändern. Er entwarf einen für sich passenden

Sparplan und setzte sich als nächstes Ziel, sich mit seinen vergangenen Beziehungen und den Scheidungsabkommen auseinander zu setzen. Um diese Angelegenheiten hatte er sich bisher kaum gekümmert.

Probleme auf Ursachen durchleuchten

Durchleuchten Sie Ihre gefundenen Hindernisse oder Probleme auf ihre Ursachen! Dann generieren Sie in Form eines freien Brainstorming, also so kreativ wie möglich, mehrere Lösungsvorschläge und überprüfen zuletzt, welche Lösung am besten zu Ihnen passt!

A. Was ist das Problem?

B. Was sind die Ursachen?

C. Welche Lösungen sind möglich?

D. Welche Lösung passt am besten?

Welches Ziel ergibt sich aus dieser Lösung? Dieses neue Ziel sollten Sie später bei Ihrer Zielplanung berücksichtigen!

Setzen Sie sich erreichbare Ziele und planen Sie

*„Ziele sind ein Mittel zum Zweck, nicht der eigentliche
Inhalt unseres Lebens.
Sie lenken uns in eine bestimmte Richtung und geben
uns den nötigen Vorwärtsdrall."*
Thomas Zerlauth

Grundbedürfnisse und innere Werte

Wenn Sie nun damit beginnen, Ihre Wünsche und Visionen in Ziele umzuformulieren, dann schauen Sie sich vorher noch kurz an, warum Ihnen diese Wünsche so wichtig sind. Wir Menschen werden von Grundbedürfnissen oder Werten angetrieben, die hinter all unseren Motivationen und Unternehmungen stecken. Man wird sich seiner Werte auf unterschiedlichen Arten bewusst. Werden die Grundbedürfnisse eines Menschen verletzt, reagiert dieser entweder mit Angriff und Wut oder aber mit Flucht und Rückzug. Auch das Gefühl, wie gelähmt oder depressiv zu sein, kann durch eine starke innere Verletzung, einem nicht eingelösten Bedürfnis entstanden sein.

Wenn Sie wegen einer bevorstehenden Prüfung Angst empfinden, weil Sie sich nicht sicher sind, eine entsprechende Leistung erbringen zu können, so beruht diese Angst auf Ihrem Wert Exzellenz, also Bestleistung. Oft entscheiden besonders schmerzhafte Erlebnisse darüber, was wir am höchsten bewerten. Wir können unsere Werte auch anhand von Ereignissen erkennen, in denen jene Werte sich zeigen und bei uns intensive Gefühle auslösen. Wenn sich Ihnen gegenüber jemand hilfsbereit verhält, zeigt Ihre Reaktion, wie wichtig der Wert Hilfsbereitschaft für Sie ist. Finden Sie heraus, welche Werte für Sie die wichtigsten sind. Fragen Sie sich: „Was ist mir an meinen Wünschen und Zielen so wichtig?" Wenn Sie Ihre Motivation und Ihr Streben verstehen wollen, dann finden Sie heraus, welche Werte für Sie grundlegend sind. Vergegenwärtigen Sie sich auch, in welchem Maße Ihre Werte alles, was Sie selbst erreicht haben, und alle Ihre Aktivitäten motiviert haben. Wenn Sie diesen Grundantrieb bei sich erkannt haben, sind Sie flexibler in Ihren Zielen und können Ihre Zielvorstellung noch passender ausgestalten.

Grundbedürfnisse und Werte erkennen

Welche der folgenden Grundbedürfnisse sind Ihnen momentan besonders wichtig? Markieren Sie diese in der Liste!

Sicherheit, Kontakt, Ästhetik, Mut, Weisheit, Einzigartigkeit, Gerechtigkeit, Wahrheit, Kreativität, Herausforderung, Verspieltheit, Meisterschaft, Lebendigkeit, Innovation, Lernen, Exzellenz, Geborgenheit, Beziehung, Orientierung, Zugehörigkeit, Grenzen, Familie, Geld, Fürsorglichkeit, Gesundheit, Harmonie, Ordnung, Helfen, Liebe, Aufregung, Autonomie, Respekt, Eigenständigkeit, Wertschätzung, Entfaltung, Würde, Abenteuer, Achtung, Anmut, Ehrlichkeit ...

Geld gehört deshalb zu den Werten, weil es gegen andere Bedürfnisse getauscht werden kann. Wer genügend Geld verdient, kann sich Bedürfnisse auf anderer Ebene erfüllen, als jemand, der wenig hat. Geld ist allerdings immer nur das Mittel zum Zweck, sich seine wahren Bedürfnisse und Werte zu erfüllen. Alle materiellen Güter, die Sie mit Geld erwerben, sind Ausdruck Ihrer Werte. Jemand, dessen Wunsch es ist, einen großen schicken Sportwagen zu fahren, wird möglicherweise durch Werte wie Anmut, Schönheit, Abenteuer, Mut oder Freiheit bestimmt.

„An seinen Zielen kann man den wahren Wert eines Menschen erkennen."
Nikolaus Enkelmann

Konkrete Ziele entwickeln und flexibel bleiben

Entwickeln Sie jetzt anhand Ihrer Herzenswünsche, Träume und Bedürfnisse konkrete Ziele. Formulieren Sie diese Ziele so, dass Sie sich umsetzen lassen, auch wenn Ihnen die Umsetzung zum jetzigen Zeitpunkt noch nicht klar ist. Achten Sie auf die Formulierung Ihres Zieles. Beschreiben Sie das Ziel positiv, das heißt, vermeiden Sie Verneinungen. Sie können nicht „nicht mehr dick sein". Ihr Gehirn versteht bei dieser Formulierung keine Verneinung und konzentriert sich auf das Bild, das entsteht. Sie sehen jemanden, der dick ist! Kontrollieren Sie Ihre Ziele auf eine positive Formulierung. Sie müssen Ihr Ziel sehen können. Es soll wie von selbst in Ihrem Kopf ein starkes, anziehendes Bild entstehen lassen, für das es sich lohnt, aktiv zu werden. Mit Ihrer persönlichen Entwicklung, der Änderung Ihrer privaten und beruflichen Umstände, werden sich auch Ihre Ziele ständig verändern. Seien Sie deshalb immer einigermaßen flexibel in Ihrer Planung und achten Sie darauf, Ihre Ziele entsprechend der Veränderung in Ihrem Leben neu anzupassen. Mit der Entfaltung Ihrer Potenziale werden sich auch Ihre Ziele verändern, da Sie mehr und mehr Fähigkeiten zur Verfügung haben und Ihre Ziele entsprechend Ihrer Persönlichkeit wachsen werden.

Positive Zielformulierung

Notieren Sie in der ersten Spalte, was Sie verändern möchten, was Sie auf keinen Fall weiter erleben wollen, wie zum Beispiel: „Ich will mich nicht mehr ständig über jeden Kleinkram aufregen." In die zweite Spalte schreiben Sie alle großen und kleinen Ziele, die Sie in Ihrem Leben erreichen wollen.

Was möchten Sie ändern? Was ist Ihre Horrorvision? Negative Formulierungen	Zielfokus! Diese Ziele will ich erreichen! Positive Formulierungen

Positiv formulieren

Im zweiten Schritt ändern Sie alle negativen Zielformulierungen aus der ersten Spalte in Positive. Wie soll das Bild, Ihr Ziel, wirklich aussehen. Beispielsweise soll das Negativ-Ziel „nie wieder auf der Autobahn rasen" umgewandelt werden in „auf der Autobahn ruhig und umsichtig fahren". Wenn Sie sich diese positive Zielformulierung anschauen, sehen Sie vielleicht das Bild eines Autofahrers, der ruhig auf der Autobahn fährt. Das bedeutet, dass dieses Ziel funktioniert. Die entstehenden Bilder wirken bei häufiger Wiederholung tief in Ihrem Unterbewusstsein und beeinflussen Ihr Verhalten.

Positive Ziele formulieren

Formulieren Sie Ihre Negativ-Ziele in positive, „sichtbare" Ziele um und schreiben Sie diese zu den Positiv-Zielen auf S. 54 dazu.

Den Weg zum Ziel planen und genießen

Natürlich befinden sich jetzt in Ihrer Positiv-Zielliste kleine und große, kurz- und langfristig zu planende Ziele. Damit alle Ziele logisch zueinander passen und auch wirklich erreichbar werden, möchte ich, dass Sie diese auf einer Zeitachse eintragen. Legen Sie sich besonders bei den kurzfristigen Zielen auf einen bestimmten Zeitpunkt fest und schreiben Sie das Datum, bis wann Sie dieses Ziel erreichen wollen, links neben die Zeitachse. Versuchen Sie so realistisch wie möglich zu sein und setzen Sie sich nicht zu sehr unter Zeitdruck. Sie wollen Ihren Weg zum Ziel doch genießen.

Am leichtesten ist es, wenn Sie bei Ihrer Zielplanung mit den Großzielen anfangen, mit dem Sportwagen, dem Landhaus in der Toskana, der Familie, der Weltreise oder dem fitten und gesunden Körper, den Sie vielleicht haben wollen. Tragen Sie das Jahr ein, wann Sie Ihr Großziel erreichen wollen. Jetzt planen Sie schrittweise, was Sie alles tun müssen, um diesen Wunsch zu erreichen. Vom Bausparvertrag, den Sie rechtzeitig abschließen müssen, bis zum Informationsmaterial, mit dem Sie sich vorher beschäftigen wollen. Wenn Ihre Zielplanung zum Traumziel stimmig ist, also alles logisch zueinander passt und die einzelnen Schritte zum Ziel aufeinander aufbauen, dann sollten Sie das gute Gefühl haben, dass es funktioniert.

Wenn ich diese Zielplanung in meinen Seminaren mache, dann strahlen regelmäßig die Augen derjenigen, die das Gefühl haben, optimal geplant zu haben. Sie sprechen von Motivationsschüben, von dem Gefühl, ihrem Traum viel näher gekommen zu sein, und können in der Regel nicht abwarten, die ersten Schritte zu gehen, also die Kleinziele einzulösen. Diese Teilnehmer freuen sich geradezu darauf, ihre nächste Prüfung zu machen, das anstehende Gespräch mit dem Chef zu führen oder einen bestimmten Umsatz für ihre Firma zu erreichen, weil diese Schritte auf dem Weg zum Traumziel dazugehören.

Realistische Zielplanung

Tragen Sie zunächst Ihre langfristigen Ziele – beruflich und privat – in die Zeitachse ein. Dann gehen Sie systematisch vor und überlegen, welche Dinge Sie tun müssen, welche Voraussetzungen Sie erfüllen müssen, um zu diesem Ziel zu gelangen.

Gegenwart   Zukunft
───────────────────────────────────────▶

Tragen Sie den passenden Zeitpunkt für Ihre Ziele und Zwischenziele ein. Legen Sie sich fest. Wie müssen die kleinen Zwischenziele aufeinander aufgebaut sein, um das Großziel leicht und sicher zu erreichen?

Geben Sie sich ein Versprechen!

Schreiben Sie einen kurzen Brief an sich selbst! Welche zehn Ziele werden Sie in nächster Zeit umsetzen? Warum wollen Sie diese erreichen und wie werden Sie sich belohnen? Legen Sie diesen Brief an einen sicheren Ort und lesen Sie ihn, wenn Sie einen neuen Motivationsschub brauchen. Vielleicht holen Sie ihn zu Silvester hervor und erinnern sich erneut Ihrer Vorsätze und Lebenspläne.

3.
Innere Balance finden

„Verlangsame dein Tempo und genieße dein Leben!
Du verpasst nicht nur die Landschaft, wenn du zu schnell gehst,
du verlierst auch das Gefühl dafür, wohin du gehst
und warum du dorthin gehst."
Eddie Cantor

Der Zustand entspannter Konzentration

Genießen Sie Ihren Weg zum Ziel

Zu viele Erfolgstrainer vernachlässigen die Aspekte Authentizität, Gesundheit und Wohlbefinden. Es kann bei dem Streben nach persönlichem Erfolg nicht darum gehen, verbissen Ziele zu verfolgen, bis der Körper versagt und man sich ganz ausgezehrt fühlt. Den persönlichen Erfolgsweg zu genießen, es sich trotz oder gerade wegen der Arbeit gut gehen lassen und hier und da mit einem kleinen Päuschen auszuspannen, klingt auf lange Sicht realistischer. Vergessen Sie nicht, dass der Weg immer schon Teil des Zieles ist, und erreichen Sie Ihr Traumziel mit Wohlbefinden und in Ruhe.

Der menschliche Organismus benötigt über den Tag verteilt seine Auszeiten, die er sich auf ganz natürlichem Weg über kurze Tagträume und kleine Nickerchen holt. Diese leichten oder teilweise schon recht tiefen Trancezustände beachten wir in der Regel kaum. Manchmal zuckt man erschrocken zusammen, wenn man sich dabei erwischt, dass man mal kurz innerlich weggetreten war. Kennen Sie das, wenn Sie sich morgens dabei ertappen, dass Sie minutenlang, völlig geistesabwesend, in der Kaffeetasse gerührt haben? Oder beim Fahren auf der Autobahn, wenn einem die weißen Streifen der Mittellinie entgegengeflogen kommen – man fühlt sich wie hypnotisiert, und ist vielleicht innerlich mit ganz anderen Dingen beschäftigt?

Lassen Sie sich von „Flow-Zuständen" beflügeln

Außer wenn Sie sich selbst dafür verurteilen, ist ihr Körper für diese kleinen Unterbrechungen der ständigen bewussten und unbewussten Befehle, die vom Gehirn kommen, sehr dankbar. Sie sollten diese kurzen Pausen sogar noch positiv für sich nutzen, indem Sie ihr Unterbewusstsein mit sinnvollen Themen beschäftigen. Das ist eine Investition in die Zukunft. Das Kennzeichen dieses Zustandes ist ein entspanntes Wachsein, man könnte ihn als Zustand entspannter Konzentration bezeichnen.

Wenn Sie diesen angenehmen Zustand bei einer Tätigkeit erreichen, die Ihnen großen Spaß macht, und Sie diese Aufgabe optimal beherrschen, dann spricht man von „Flow". Das ist die englische Bezeichnung für das Gefühl des „flüssigen Dahingleitens" bei einer Tätigkeit, für die Sie alle nötigen Voraussetzungen erfüllen und die Sie trotzdem ausreichend fordert. In diesem Zustand sind Sie in der Lage, Ihre Fähigkeiten und Potenziale optimal einzusetzen, und Sie spüren, wie leicht und fließend die Arbeit von der Hand geht. Bei Leistungssportlern nennt man den Zustand des optimalen inneren Empfindens auch „State of Excellence". Mit Mentaltraining werden Sportler dazu angeleitet, diesen Zustand während des Trainings und Wettkämpfen selbstständig zu erzeugen. Ein Sportler, der diesen Zustand des Selbstversinkens erreicht und sämtliche Bewegungen fließen lässt, ohne sie durch störende Gedanken oder Überlegungen zu unterbrechen, ist in einem Zustand des Fließens und kann so seine Bestleistung erreichen.

Der russische Gewichtheber und mehrfache Weltrekordler Juri Wlassow beschreibt diesen Zustand folgendermaßen: „Auf dem Höhepunkt gewaltiger Leistung, während das Blut in deinem Kopf hämmert, wird es plötzlich still in dir. Alles erscheint klarer und lichter als jemals zuvor, als wären große Scheinwerfer eingeschaltet worden. In diesem Augenblick bist du überzeugt, dass alle Kräfte der Welt in dir stecken, dass du zu allem fähig bist und Flügel besitzt. Es gibt keinen kostbareren Moment im Leben als diesen, jenen lichten Augenblick."

Flow-Zustände sind möglich, wenn es gelingt, das Tun selbst zum Ziel zu machen, wenn wir absolut und 100 Prozent in der Aufgabe aufgehen. Man verschwendet keinerlei Gedanken an Geld oder Erfolg, sondern handelt einfach nur. So sind wir in der Lage, unsere persönlichen Spitzenleistungen zu erreichen.

Aktivierung des Flow-Zustands

Erinnern Sie sich an eine Situation oder Tätigkeit, wo Sie oben beschriebenes Glücksgefühl – diesen Flow-Zustand – spürten, und schreiben Sie diese Tätigkeiten bzw. Situationen auf.

Ihre Antworten verraten Ihnen einerseits etwas über Ihre Vorlieben und Interessen, andererseits spiegelt Ihre Antwort einen Ausschnitt Ihrer Fähigkeiten wider.

Trance – das Tor zum Unterbewusstsein

*„So wie Pausen zum musikalischen Rhythmus gehören
wie die Noten, ebenso ist es beim Menschen."*
Goethe

Innere Kraftquellen anzapfen

Der Trancezustand wirkt nicht nur stressreduzierend und aktiviert die Selbstheilungskräfte des Körpers. Gleichzeitig ist Trance das Tor zum Unterbewusstsein. Im so genannten Alpha-Zustand wird das Lernen beschleunigt, das Gehirn kann Informationen besser aufnehmen und abspeichern. Hier haben wir Zugang zu unseren verborgenen Fähigkeiten und finden neue, kreative Lösungen für schwierige Probleme. Trancezustände sind also eine durchaus lohnende Alternative zu unserem normalen Wachzustand. Nutzen Sie also Trancezustände, um gesund zu bleiben, vom Stress abzuschalten, leichter zu lernen und Zugang zu Ihren Ressourcen und inneren Kraftquellen zu bekommen.

Gehirn auf Hochtouren in Trance

Der beschriebene Alfa- oder Trancezustand hat wie alle anderen Bewusstseinszustände für Körper und Geist verschiedene Funktionen. Sie sind mit einer speziellen Apparatur, einem Elektroenzephalographen, kurz EEG, messbar. Die so ablesbaren Gehirnströme zeigen, in welchem Bewusstseinszustand sich der Mensch gerade befindet.

Beta-Wellen:

Die Beta-Wellen liegen zwischen 13 und 30 Hertz und deuten darauf hin, dass der Mensch wach und die Konzentration stark nach außen gerichtet ist. Sie sind ebenfalls bei Angst und Stress messbar. Man könnte von einer erhöhten Alarmbereitschaft sprechen, die das Gehirn dann in Form von Stresshormonen an den Körper weitersendet. Die chronische Ausschüttung dieser Hormone, wie beispielsweise dem bekannten Adrenalin, führt jedoch auf Dauer zu körperlichen Schäden.

Alpha-Wellen:

Deshalb benötigt unser Körper den wichtigen Alpha-Zustand. Die Alpha-Wellen sind zwischen 8 und 13 Hertz messbar und zeigen einen Zustand von geistiger und körperlicher Entspannung an. Sobald Sie Ihre Augen schließen und sich einen Moment Ruhe gönnen, erreichen Sie diesen Zustand. Das Denken ist fließend, die Stimmung ist zuversichtlich, und es werden Glückshormone, die so genannten Endorphine, ausgeschüttet. In diesem Zustand ist die Lernfähigkeit und die Informationsverarbeitung am höchsten, und auch unser Gedächtnis arbeitet optimal.

Es gibt noch zwei weitere Wellenmuster, die durch tiefere Entspannungszustände oder im Schlaf erreicht werden können.

Theta-Wellen:  (3,5 – 8 Hz)

In diesem tiefen Entspannungszustand sind die Kreativität und Fantasie gesteigert. Wird dieser Zustand bewusst durch Mentaltraining oder Selbsthypnose ausgelöst, dann kann man das Unbewusste anzapfen und nach Problemlösungen auf anderer Ebene suchen. Eine absolute Selbstversunkenheit und die Auflösung des Zeitempfindens sind weitere Kennzeichen.

Delta-Wellen: 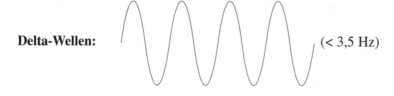 (< 3,5 Hz)

Dies ist die Phase eines tiefen, traumlosen Schlafes oder tiefster Trance, die Sie auch während Meditation erreichen können. Jetzt sind besonders intensive Heilungs- und Regenerationsprozesse im Körper möglich. Das Immunsystem kann sehr aktiv am Abbau kranker Zellen und schädlicher Fremdkörper arbeiten.

Der oben beschriebene Alpha-Zustand ist quasi das Tor, um an die Potenziale und Möglichkeiten der anderen Zustände heranzukommen. Nutzen Sie diese Chance und gehen Sie bewusst so oft wie möglich bei Ihrer täglichen Arbeit in den Alpha-Zustand. Hier sind Sie optimal leistungsfähig und Ihr Gehirn kann auf Hochtouren arbeiten. Außerdem tun Sie etwas für Ihre Gesundheit und fühlen sich rundum wohl. Im nächsten Kapitel lernen Sie, wie Sie möglichst leicht diesen Zustand entspannter Konzentration, den ich ab jetzt als Trance bezeichne, herbeiführen können.

 Um die verschiedenen Trancezustände und -tiefen einmal auszuprobieren, können Sie gern die CD nutzen!

Entwickeln Sie Ihre persönliche Trancetechnik

*„Suche deine innere Harmonie und versuche
sie dir ein Leben lang zu bewahren.
Nur wer sein inneres Gleichgewicht wahrt,
wird auch nach außen im Gleichgewicht sein."*
Ein Shaolin-Mönch

Innere Flexibilität und Entspannung als Erfolgsfaktor

Wie ein Bogen seine Spannkraft verliert, wenn man ihn immer gespannt lässt, können auch Menschen fortwährende Anspannung nicht aushalten. Es ist relativ einfach, sich an einem Ort zu entspannen, an dem Sie nichts aufregt, aber im Geschäftsleben und im Alltag ist es unmöglich, immer in einer entspannten Umgebung zu sein. Man muss also einen Weg finden, durch den man sich unabhängig von der Umgebung jederzeit vollkommen entspannen kann.

Bei Prüfungen sind Menschen meist nicht in der Lage, auf Fragen zu antworten, die sie unter normalen Umständen leicht beantworten könnten. Warum hat man eigentlich das Gefühl, es sei unmöglich, sich in einem solchen Moment zu entspannen? Zunächst einmal fußt dieser Aberglaube auf der verbreiteten Meinung, man sei schwach, wenn man sich entspannt. Tatsache ist jedoch, dass man im Zustand entspannter Konzentration über eine gesteigerte Gedächtnisleistung verfügt und Zugang zu seinen Ressourcen hat. Zweitens wissen viele Menschen nicht, wie sie in schwierigen Situationen entspannen können. Das ist nur eine Frage der Übung. Man beginnt mit dem Entspannungstraining am besten in einer angenehmen, ruhigen Atmosphäre, bevor man seinen Trainingserfolg in schwierigen Situationen testet.

Lassen Sie sich einfach einmal in Ruhe

Bei vielen Kursen hörte ich immer wieder von Teilnehmern, dass Sie es nicht geschafft hätten, den Zustand der Trance zu erzeugen. Das ist auch kein Wunder, denn man kann Trance nicht erzwingen, sondern sie nur zulassen. Der Körper holt sich dann das, was gut für ihn ist, von ganz allein. Mit einer inneren Haltung des Geschehenlassens ist der Trancezustand überraschend schnell da und lädt zum gedanklichen Umherschweifen ein. Sich entspannen bedeutet, sich wohl zu fühlen und die Dinge in ihrem natürlichen Zustand zu lassen.

Die zweite Befürchtung meiner Teilnehmer ist, dass sie Ihre Gedanken nicht abschalten könnten. Es gibt im Gehirn keinen Schalter, mit dem Sie es einfach ausschalten können. Lassen Sie daher die Gedanken einfach wie Wolken am Himmel vorbeiziehen. Diese Metapher unterstützt das Bild des Loslassens und Geschehenlassens. Denken Sie ruhig an Ihre Einkaufslisten, an Ehestreit oder schlechte Schulnoten. Sie werden es niemals schaffen, nicht an diese Dinge zu denken, sie sozusagen gedanklich auszulöschen oder wegzudenken. In diesem Moment denken Sie ja dran. Sie können wohl aber Ihre Aufmerksamkeit auf andere Themen lenken, wie zum Beispiel Ihre Wünsche und Träume.

Wichtige Grundregeln zur Vorbereitung der Entspannung

1. Machen Sie es sich bequem und setzen Sie sich einen festen Zeitrahmen. Wenn Sie Angst haben einzuschlafen, stellen Sie sich einen Wecker. Schalten Sie Störquellen wie Radio oder Telefon aus.
2. Lassen Sie Ihre Gedanken laufen oder vorbeiziehen „wie Wolken am Himmel". Lassen Sie Ihre Gedanken einfach zu, schauen Sie sich an, was Ihr Unterbewusstsein produziert, und lenken Sie dann gezielt Ihre Aufmerksamkeit der Übung zu.
3. Finden Sie Ihren persönlichen „Ort der Ruhe". Dieser Ort muss nicht zwingend real sein, sondern kann auch in Ihrer Fantasie entstanden sein. Es ist ein Plätzchen, an dem Sie schon mindestens einmal so richtig angenehm entspannt waren, zum Beispiel ein Urlaubsort oder Ihr Lieblingssofa. Erinnern Sie sich an diese Situation und malen Sie sich den dazugehörigen Ort mit allen Sinnen so lebendig wie möglich aus. Jedes Mal, wenn Sie ihn im Geiste erinnern, wird er gleiche Entspannungsreaktionen auslösen, und je häufiger Sie ihn benutzen, desto besser funktioniert er. Dieses Prinzip der Gewöhnung und Verinnerlichung nennt man Konditionierung.

Zum Üben!
Es gibt viele Methoden, sich schnell und einfach zu entspannen. Die folgende hat sich in meiner mehrjährigen Berufspraxis bewährt und ist zum raschen Einleiten einer Kurzentspannung gedacht.

Aktiv-Entspannung zum inneren Ausgleich

Nehmen Sie sich etwa 15 Minuten Zeit und üben Sie folgende Trancetechnik. Machen Sie einige Minuten Pause zwischen jeder Anweisung und nehmen Sie sich so viel Zeit wie nötig (Kein Zeitdruck!).

- Schließen Sie die Augen. Entspannen Sie Ihre Körpermuskulatur und Ihr Gesicht.
- Atmen Sie ruhig und gleichmäßig bis in den Bauch ein und wieder aus. Die Bauchdecke hebt und senkt sich wie eine Welle.
- Stellen Sie sich vor, bei jedem Ausatmen alles Unangenehme und sämtliche Spannungen nach und nach rauszulassen, beim Einatmen saugen Sie Ruhe, Gelassenheit und Energie aus der Umgebung wieder auf.
- Zählen Sie langsam innerlich von eins bis zehn, parallel zur Atmung, und fühlen Sie sich mit jedem Atemzug entspannter, gelöster und ruhiger. Sie können sich mit jedem Ausatmen tiefer in dieses angenehme Entspannungsgefühl hineingleiten lassen.
- Nehmen Sie jetzt Ihr Körpergewicht wahr, wie sich Ihr Gewicht in die Unterlage drückt. Konzentrieren Sie sich auf dieses Gefühl der Leichtigkeit oder Schwere und verstärken Sie es durch ein passendes Bild, beispielsweise auf einer Wolke schweben oder im Sand einsinken.
- Wenn Sie sich nach einiger Zeit gestärkt fühlen, zählen Sie innerlich rückwärts und werden Sie mit jedem Atemzug wacher und wacher.
- Danach sollten Sie sich ausgiebig recken und strecken, um Ihre entspannte Muskulatur wieder auf Grundspannung zu bringen und Ihren Kreislauf anzukurbeln. Ähnlich wie in der Übung beschrieben, finden Sie eine intensivere angeleitete Entspannung auf der CD „In Ruhe zum Erfolg".

Wenn Sie Ihre Entspannungsübung möglichst häufig gleich ablaufen lassen, findet eine Konditionierung statt. Das heißt, Sie werden immer sicherer, und die Entspannung fällt Ihnen immer leichter, von Mal zu Mal. Die Übungen können Sie nach eigenem Geschmack ausbauen, kombinieren oder auch nur einzelne Elemente – je nach individueller Wirksamkeit – nutzen.

Die Einheit von Körper und Seele

*„In Wahrheit wohnt in uns allen die gleiche Kraft,
die Kraft des Geistes, die den Körper beherrschen kann,
die aber nur aus der inneren Harmonie entsteht."*
Shaolin-Mönch

Wechselwirkung zwischen Körper und Seele

Ströme von Gedanken und Gefühlen beeinflussen und bestimmen unser körperliches Wohlbefinden und sogar unsere Gesundheit. Andererseits sind es Muskelspannung und Haltung, die sich auf Psyche, Emotionen und Wohlbefinden auswirken. Das eine geht nicht ohne das andere – Körper und Geist stehen in ständiger Wechselwirkung zueinander. Mit ein wenig Übung kann man ganz bewusst positiven Einfluss auf beide nehmen.

Erfolgserlebnisse aktivieren

Schließen Sie die Augen und erinnern Sie sich intensiv an einen Erfolg, zum Beispiel das Gefühl nach einer bestandenen Prüfung.

Ohne dass Sie es bemerkt haben, richtet sich Ihre Wirbelsäule auf und das Brustbein drückt sich nach vorn. Das verblüffende Resultat: eine aufrechte, stabile und den Rücken schonende Haltung. Außerdem verändert sich auch die Körpersprache. Sie wirken so automatisch überzeugender und sicherer. Und andersrum verhält es sich auch mit dem Einfluss des Körpers auf Gedanken und Gefühle.

Die Körperhaltung beeinflusst die Stimmung

Stellen Sie sich vor, Sie wären wie ein Held: Stehen Sie aufrecht, straffen Sie Ihre Schultern und heben Sie Ihr Kinn an, sodass Sie eine stolze, erhabene Haltung einnehmen. Stehen Sie sicher auf beiden Füßen und spüren Sie die Kraft und Energie, die durch Ihren Körper fließt. Winken Sie jetzt der jubelnden Menge zu, die Ihnen zu Ihrer letzten Heldentat gratuliert.

In dieser Körperhaltung ist es nahezu unmöglich, sich schlecht zu fühlen. Also können Sie mit bestimmten körperlichen Übungen sowohl Ihren Geist positiv beeinflussen als auch diese positive Geisteshaltung wieder auf Ihren Körper zurückwirken lassen. Ein positiver Wechselkreis entsteht.

Der Geist kann den Körper beherrschen

Die alten asiatischen Energielehren sind eine Möglichkeit, intensiv positiven Einfluss auf Körper und Geist zu nehmen, mehr noch: Sie sind in der Lage, unsere Lebensenergie zu stärken. Sie erklären die grundlegenden Prinzipien und die Anwendung dieser Geisteskraft, die dem Menschen von der Natur mitgegeben wurde, und beschreiben die gleichen mentalen Kräfte, die Sie mit Techniken wie Mentaltraining oder Selbsthypnose nutzen können. Das Prinzip der geistigen Konzentration und das bewusste Lenken der Aufmerksamkeit ist allen Techniken gemeinsam, von der traditionellen chinesischen Medizin bis zum Kung-Fu der Shaolin-Mönche. Allen gemeinsam ist die Vorstellung einer Energie, die durch den Körper fließt – der so genannten Chi-Energie.

Die geheimen Übungen der Shaolin-Mönche wurden über fast zwei Jahrtausende ohne schriftliche Aufzeichnungen von den Meistern an ihre Schüler weitergegeben. Ihre Botschaft lautet: „Dein Geist kann den Körper beherrschen." Alle Mönche wissen um das Geheimnis der Lebensenergie: „Chi fließt entlang der Meridiane, die den Körper durchziehen. Wenn man sich konzentriert und in sich hineinhorcht, kann man es spüren. Folge seinem Lauf in Gedanken, lenke es an Stellen deines Körpers, die krank oder schwach sind, und du wirst sie heilen und stärken. Du kannst dein Chi stärken, indem du die Energie aus der Erde, vom Himmel und aus der Luft holst und sie dir zunutze machst. Dann kannst du sie an jedem Punkt deines Körpers sammeln und so deine Widerstandskraft stärken – und du wirst keinen Schmerz verspüren."

Atmung und körperliche Fitness als Lebenselixier

Das höchste Ziel der Shaolin-Mönche ist es, den Körper geschmeidig zu halten, denn „das Harte und Dürre bricht, das Weiche und Biegsame überlebt". Übertragen wir diese Weisheit auf unser westliches Denken, so sehen wir Flexibilität als eine der Qualitäten von Erfolgreichen, Topunternehmern und Lebenskünstlern. Durch intensives körperliches Training erhalten sich die Mönche bis ins hohe Lebensalter ihre körperliche und geistige Flexibilität. Die Kontrolle der Atmung ist ein zentraler Bereich des Trainings und der Meditation.

> *„Alle Energie schöpfst du aus richtiger Atmung.*
> *Atmen bedeutet Leben.*
> *Den Strom deines Lebens kannst du in deinem Körper lenken und alle deine Muskeln mit Energie versorgen.*
> *Die Kontrolle deiner Atmung ist die Voraussetzung zur Kontrolle deines Körpers."*

Bevor Sie lernen werden, Ihre mentalen Kräfte zu nutzen und sich selbst zu beeinflussen, möchte ich Ihnen noch eine Geschichte, vielmehr ein Paradoxon, mit auf den Weg geben:

Je schneller wir werden, desto weniger Zeit haben wir

Zu der Zeit, als es noch keine Autos gab, dauerte eine Reise lange, Tage oder Wochen, manchmal sogar Jahre. Mit Pferd und Wagen bereiste man das Land, machte hier und da seine Pausen, genoss die Landschaft und freute sich, wenn man endlich an seinem Ziel angelangt war. Heute besitzen wir Schnellzüge, Autos und Flugzeuge. Wir gelangen innerhalb weniger Stunden an unser Reiseziel und sind in der Lage, an einem Tag fast um den ganzen Erdball zu fliegen. Trotz aller Geschwindigkeit kommen wir ständig zu spät und wir behaupten, keine Zeit mehr zu haben.

Es ist wirklich paradox: Wenn Sie etwas betont langsam und mit Genuss und Aufmerksamkeit tun, sind Sie in der Regel schneller fertig, als wenn Sie sich abhetzen und sich überschlagen. Wenn Sie beispielsweise den verhassten Abwasch in einer Stimmung von Ruhe und meditativer Konzentration tun, dann geht Ihnen weniger Geschirr kaputt, Sie haben das Gefühl, schneller fertig zu sein, und sie sind vor allem hinterher entspannt und bereit für die nächste Aufgabe.

Und noch ein Paradox zum Nachdenken: Die Naturheilkünste der meisten Weltvölker basieren auf der Vorstellung eines energetischen Prinzips. Ist es nicht merkwürdig, dass allen Naturheilverfahren das gleiche Urprinzip zugrunde liegt, nur unsere westliche Schulmedizin, die jüngste Heilkunde, schenkt diesem Grundprinzip keine Beachtung?

Langsamkeit trainieren

Trainieren Sie Langsamkeit und Achtsamkeit am Beispiel einer Tätigkeit, wie zum Beispiel dem Putzen. Führen Sie diese Tätigkeit bewusst langsam aus und machen Sie diese mit allen verfügbaren Möglichkeiten zum Genuss, zum Beispiel indem Sie Ihre Lieblingsmusik spielen. Versuchen Sie jede Bewegung Ihres Körpers zu spüren, sanft zu atmen und das, was Sie tun, zu lieben.

4.
Mentale Kräfte nutzen

„Alles, was wir sind, ist das Ergebnis dessen, was wir gedacht haben."
Aldous Huxley

Die Kraft der Selbstbeeinflussung

Einbildungskraft kann über Leben und Tod entscheiden

Ein russischer Bahnarbeiter inspiziert das Innere eines Kühlwagens. Plötzlich fällt die Tür zu. Mit Entsetzen stellt er fest, dass die Tür von innen nicht zu öffnen ist. Er sitzt in der Falle, genauer gesagt in einer Todesfalle, voller Angst vor dem unausweichlichen Erfrierungstod kauert er sich in eine Ecke und wartet. Stunden später wird die Tür von einem Kollegen geöffnet, der nur noch den Tod des Unglücklichen feststellen kann. Er schaut auf die Kühlanzeige, welche die Temperatur der letzten Stunden anzeigt, und ihm läuft ein eisiger Schauer über den Rücken: In dem Kühlwaggon herrschte eine beinahe konstante Temperatur von 18 Grad. Wie konnte sein Kollege bei normaler Zimmertemperatur und ausreichender Luftzufuhr gestorben sein?

Dies ist eine von vielen Geschichten, die zeigen, wie stark unsere Vorstellungskraft ist. Im Falle des russischen Bahnarbeiters war sie stark genug, um den Tod herbeizuführen. Er bildete sich ein zu erfrieren, und es geschah. Unsere Einbildungskraft versetzt Berge. Nur wenden wir sie oftmals nicht Gewinn bringend für uns an, sondern manipulieren unseren Verstand völlig unkontrolliert. Wenn wir uns etwas intensiv genug vorstellen und tief im Inneren an diese Vorstellung glauben, dann können wir Unglaubliches bewirken.

Selbst erfüllende Prophezeiungen und Placebos

Bei Medizinern ist der so genannte Placebo-Effekt bekannt. Wenn ein Patient an die Heilwirkung eines Medikamentes glaubt, wird die entsprechende Wirkung auch eintreten. Dieser Effekt ist in medizinischen Experimenten einfach nachzuweisen. Ein Arzt gibt einem Patienten einen einfachen Traubenzucker mit dem Versprechen, dass sich Heilung einstellen wird. Der Patient berichtet innerhalb der vorhergesagten Zeit die ihm beschriebenen Heilungsprozesse und nennt sogar angedeutete Nebenwirkungen. Ein Kollege von mir, ein klassischer Schulmediziner, der sich intensiv mit diesen Phänomenen auseinander gesetzt hat, kuriert regelmäßig seine Patienten von ihren teilweise chronischen Beschwerden, indem er ihnen Placebos verschreibt.

Vielleicht erinnern Sie sich selbst an Situationen, wo Sie sich so sehr auf den Ausgang eines Ereignisses konzentriert haben, dass es tatsächlich eingetreten ist. Sie haben sich so intensiv damit beschäftigt, dass sich die von Ihnen angenommene Erwartungshaltung oder Prophezeiung tatsächlich erfüllt. Ein einfaches Beispiel ist die klassische Prüfungssituation. Wenn ich mich nur ausreichend auf meine Angst vor einem Blackout konzentriere, wird er höchstwahrscheinlich auch eintreten. Viel unwahrscheinlicher ist es, wenn Sie sich vor oder während der Prüfung auf eine positive Atmosphäre, ein gutes Gefühl und optimale innere Ruhe plus Konzentration einstellen. Mit dieser Vorstellung bringen Sie Ihr Gehirn dazu anzunehmen, das positiv vorgestellte Ereignis sei bereits Realität. Unser Gehirn unterscheidet nicht zwischen intensiven Vorstellungen

und der Realität. Es leitet auf eine bloße Vorstellung hin alle erforderlichen körperlichen und psychischen Reaktionen ein, in unserem Beispiel fördert es die Entspannung, Konzentration und sendet eventuell auch Hormone zur Steuerung des Wohlbefindens aus – die optimale Grundlage für intellektuelle und körperliche Höchstleistungen.

Wie beeinflussen Sie sich selbst?

Erinnern Sie sich an ein Ereignis, wo Sie sich bewusst oder unbewusst vorher positiv beeinflusst haben. Welche Worte, Bilder oder Vorstellungen haben Sie sich selbst vorgegeben?

Welche Worte hätten positiver gewirkt? Schreiben Sie Sätze und Gedanken, die Ihnen helfen könnten, anstatt sie zu blockieren, auf. (Ihnen fehlt nur noch ein weiterer Zwischenschritt, um sich selbst wirklich positiv zu beeinflussen.)

Die drei mentalen Gesetze

Bevor ich Ihnen nun die Techniken erkläre, mit denen Sie sich selbst positiv beeinflussen können, möchte ich Ihnen noch kurz die drei mentalen Gesetze näher bringen.

1. „Glaube wird Realität"

Wahrscheinlich können Sie dieses Gesetz nach der Geschichte des russischen Bahnarbeiters, der im Kühlwagen erfror, sowie den Beispielen aus der Medizin gut nachvollziehen. Suchen Sie einmal in Ihrer persönlichen Lebensgeschichte nach weiteren Belegen für dieses Gesetz. Haben Sie jemals an etwas geglaubt, im Positiven wie auch im Negativen, und es ist Realität geworden?

2. „Gesetz der Anziehungskraft"

Es bedeutet, dass zwischen Ereignissen oder Personen bestimmte Kräfte existieren, die diese wie durch magnetische Anziehungskraft zusammenführen. Dahinter stehen bestimmte mentale Muster, die aktiv nach passenden oder ähnlichen Strukturen suchen. Diese Prozesse laufen natürlich auf der Ebene des Unbewussten ab. Zum Beispiel ziehen sich bestimmte Partner wie auf magische Weise an, und man fragt sich so manches Mal: „Warum ziehe ich bloß immer wieder die gleichen Typen an? Die Antwort auf die Frage liegt in der Struktur der Persönlichkeit verborgen, unbewusste Muster, die so lange aktiv sind und immer wieder gleiche Ereignisse produzieren, bis Sie diese verstanden und gelöst haben (mehr dazu in Kapitel 6). Wenn Sie aktiv auf der Suche nach etwas sind, werden Ihnen die Antworten oder Lösungen, Informationen oder Menschen, die Sie in dieser speziellen Sache weiterbringen können, begegnen. Das funktioniert, als ob Sie einen Suchbegriff ins Internet Ihres Unbewussten schicken. Dieses macht sich aktiv auf die Suche nach Antworten und sensibilisiert die Wahrnehmung in dem Bereich, auf den Sie sich innerlich konzentrieren.

3. „Wie innen – so außen"

Ein geistiges Muster, welches in Ihnen schlummert, drückt sich auch außerhalb von Ihnen aus. Wenn Sie zum Beispiel traurig sind, dann spiegelt sich dieses Gefühl in Ihrer Mimik, Gestik, in der gesamten Körperhaltung, es wird sogar einen Einfluss auf Ihre Umgebung und Ihre Mitmenschen haben. Andersherum können Sie mit dem Gefühl der inneren Kraft und Lebensfreude Ihre Umgebung anstecken. Sie werden nicht nur aufrechter gehen und fröhlicher wirken, Ihre Umgebung und Ihre Mitmenschen werden von Ihrer positiven Ausstrahlung mitgerissen werden. Auf diese Weise können Sie Ereignisse zum Guten wenden und auf natürliche Weise und sehr authentisch in Ihrer Umwelt Ihre Realität schaffen. Sind Sie beispielsweise aggressiv und zornig, bringen Sie in einer Kettenreaktion von Ereignissen auch Ihre Umwelt dazu, sich diesem Muster entsprechend zu verhalten.

Im Folgenden bekommen Sie Techniken und Tipps an die Hand, wie Sie diese mentalen Gesetze für sich nutzen und dabei gleichzeitig einige innere Blockaden lösen können.

Selbstkontrolle durch geführte innere Monologe

„Die Beeinflussung durch das Wort ist die Nahrung des Geistes."

Negative Selbstprogrammierung durch innere Monologe

Eine Kollegin von mir, eine junge Ärztin, war sehr nervös vor ihrem ersten großen Auftritt, einem Fachvortrag vor über 100 Kollegen. Innerlich zitterte sie vor Aufregung, konnte kaum noch essen und bereitete hektisch den Inhalt und den Ablauf ihres Vortrages vor. Ständig schossen ihr Gedanken durch den Kopf, wie: „Hoffentlich versage ich nicht, ich kann vielleicht nicht alle Fragen beantworten, bestimmt sehen alle, wie nervös ich bin." So steigerte sie sich von Tag zu Tag immer weiter in ihre Befürchtungen hinein und konnte sich kaum noch auf das Thema ihres Vortrages konzentrieren. Als ihre Nerven völlig blank lagen und sie die letzten Nächte nicht einschlafen konnte, fragte sie mich, was sie tun könnte.

Ich hörte mir ihre Horrorvision an und sagte: „Den Schlimmsten anzunehmenden Fall hast du jetzt ausreichend durchgespielt. Dir ist auch klar, welche Gefahren lauern und in welchem Bereich du noch mehr tun musst, um alles wirklich gut zu machen. Nimm diese Warnungen deines Unterbewusstseins wahr und tue alles Entscheidende, um dich sicherer zu machen. Erst dann bist du optimal vorbereitet und kannst mit einem guten Gefühl in den Vortrag gehen. Stell dir vor, dein Vortrag ist ein voller Erfolg, das Publikum ist begeistert, alle strahlen dich voller Begeisterung an. Wie fühlst du dich dann?" Sie schaute mich erstaunt an, entspannte sich zusehends und ging einen Moment in sich. Dann strahlte sie übers ganze Gesicht und sagte: „Der Vortrag wird super, ich muss vorher nur noch mehr meine Worte ausfeilen und das Thema noch tiefgehender recherchieren."

Gut gemeinte Ratschläge Ihres Unterbewusstseins

Dauernd geht uns Menschen ein wahres Feuerwerk von Gedanken durch den Kopf. In diesem inneren Monolog geben wir unablässig unserem Unterbewusstsein Sichtweisen und Gedanken ein, die dieses aufsaugt wie ein Schwamm. Viele Menschen denken häufig: „Mir geht es schlecht! Das Leben ist schwer! Die anderen sind unausstehlich! Alles läuft schief! Das kann ich nicht!" Diese Liste der negativen Gedanken können Sie beliebig ergänzen. Ständiges, zur Gewohnheit gewordenes Denken wird zum automatischen Geplapper Ihres inneren Monologes. Und so geraten Sie in einen Teufelskreis neuer negativer Gedanken über sich, bevorstehende Ereignisse oder die Welt. Diese negativen Gedanken, Befürchtungen und Ängste fressen Ihre Energiereserven auf und nagen an Ihrem Selbstwert.

Unterbrechen Sie Ihre gewohnten negativen Selbstgespräche, indem Sie klar zu sich sagen: „Stopp! Jetzt werde ich das mal von der anderen, der positiven Seite betrachten." Es ist auf der einen Seite zwar wichtig, auch negativen, abwertenden Gedanken einen gewissen Raum zu geben, um sie nicht vollständig zu unterdrücken. Aber wenn diese Negativ-Aspekte Ihre innere Stimme dominieren, färben sie auch Ihr Unterbewusstsein auf diese negative Weise.

Schauen Sie sich unbedingt einmal Ihre abwertenden Gedanken näher an. Hinter diesen können sich gut gemeinte Ratschläge Ihres Unterbewusstseins verbergen, nach dem Motto: „Okay, hier könnten Gefahren lauern, ich bin also vorsichtig und gewarnt." Wenn Sie sich die Warnungen Ihres Unterbewusstseins bewusst gemacht und sich überlegt haben, was Sie tun können, um Ihrem Unterbewusstsein mehr Sicherheit zu geben, unterbrechen Sie diese mit einem Signal wie zum Beispiel einer raschen, durchschneidenden Handbewegung oder einem einzigen Klatschen der Hände und wenden sich gezielt den positiven Aspekten der Situation zu.

Entwickeln Sie für sich eine persönliche, möglichst unauffällige Symbolhandlung dazu, die Sie praktisch überall und immer einsetzen können. Unterbrechen Sie von nun an ständig mit der gleichen Geste aufkeimende Negativgedanken. Wenn Sie wissen, welche Warnungen sie beinhalten und sich dieser Aufgabe angenommen haben, können Sie diese getrost beiseite schieben. Nach einiger Zeit werden Sie sich wie von selbst verflüchtigen, wenn Ihre Absicht verstanden und die entsprechenden Lösungen gefunden wurden.

Negativ-Monologe reflektieren

Reflektieren Sie jetzt Ihre Negativ-Monologe, die Sie sich ständig geben, besonders in Bezug auf Erfolg und Ihre Ziele. Ihre Zweifel und Befürchtungen über sich und andere gehören in diese Liste. Nehmen Sie diese als einen Teil der Realität wahr und bedanken Sie sich für die Warnung und Vorsicht Ihres Unterbewusstseins.

Beispiel: „Hoffentlich sage ich bei dem Vortrag nichts Falsches oder Dummes." Absicht des Unterbewusstseins: „Wähle deine Worte mit Vorsicht und schwätze nicht!"

Notieren Sie, welche Wirkung diese Sätze auf Sie haben und welche Reaktionen sie in Ihrem Körper auslösen! Worauf will Ihr Unterbewusstsein Ihre Aufmerksamkeit lenken?

Beispiel: „Ich bin aufmerksam und vorsichtig in der Wahl meiner Worte und werde mich gut vorbereiten."

Gezieltes Selbstcoaching durch realistische Sichtweise

Ein wirksames Werkzeug, um sich positiv zu beeinflussen, ist das gezielte Erzeugen eines positiven Selbstgespräches. Ihr innerer Monolog ist nämlich von niemandem anderen als Ihnen selbst kontrollierbar. Sie sind nicht das Opfer Ihrer inneren Stimme, sondern Sie können sie bis zu einem bestimmten Grad nach Ihren eigenen Vorgaben beeinflussen. Ihr Unterbewusstsein saugt das, was Sie in Ihren inneren Monologen häufig zu sich selbst sagen, einfach auf. Schauen Sie gezielt auf die positiven Aspekte einer Situation. Jedes Ding hat zwei Seiten, nur neigen wir Menschen dazu, es nur von einer Seite aus zu betrachten. Schauen Sie sich also die positiven Aspekte an, nehmen Sie gezielt war, welche Vorteile sich aus dieser Sicht für Sie ergeben, und wiederholen Sie diese neuen Informationen, bis sie Teil Ihrer inneren Stimme sind. Diese Sicht der Welt aus verschiedenen Perspektiven ist keine Schönseherei, nicht einmal Optimismus. Sie ist vielmehr eine realistischere Sicht der Dinge, die Ihnen mehr Erfolg bescheren wird. Da Sie ja auch die Warnungen und Befürchtungen, die hinter der negativen Sicht stecken, anhören und sich ihrer annehmen, kann von plattem, oberflächlichem Positiven Denken, welches eben nur verdrängt, nicht die Rede sein.

Positive Sätze wie „Ich kann gut reden, ich habe schon als Kind gerne Reden gehalten", „Ich habe Ausstrahlung" oder „Ich schaffe das schon, wie all die anderen Dinge, die ich gut gemeistert habe" beeinflussen über unser Unterbewusstsein auch unsere Wahrnehmung, unser Verhalten und Auftreten massiv.

Geben Sie sich positive Autosuggestionen

Diese Form der Selbstbeeinflussung durch innerlich gesprochene Worte nennt man Autosuggestion. Das Wort „Suggestion" kommt aus dem Lateinischen und bedeutet so viel wie Beeinflussung, aber auch Einflüsterung (zu den Formen der Suggestionen und Manipulationen von außen kommen wir später). Die Selbstsuggestion ist eine geistige Kraft. Suggestionen sind reine Informationen, und andersherum ist jede Information auch Suggestion, das heißt, sie wirkt nachhaltig in irgendeiner Form auf die Person. Sagen Sie sich diese neu formulierten Sätze so oft wie möglich, bis sie zum automatischen Wortschatz Ihrer inneren Stimme werden und bis Ihr Unterbewusstsein die Energie dieser machtvollen Sätze voll aufgesogen hat. Jetzt bekommen Sie die Kontrolle, Ihren inneren Dialog, Ihre innere Stimme positiv zu prägen. Aber Achtung: Das Gehirn hat Schwierigkeiten mit Verneinungen und Negationen. Oft denken wir genau an das, was uns da gerade als Verbot beschrieben wird. Der Satz „Ich darf nicht versagen!" löst bei den meisten Menschen logischerweise Assoziationen zum Begriff „Versagen" aus. Und das sind nun einmal all diejenigen Gedanken und Vorstellungen, die man doch eigentlich vermeiden wollte. Füttern Sie jetzt Ihr Unterbewusstsein durch Wiederholungen, bis Sie ein gutes Gefühl mit dieser Sichtweise haben.

Positive Autosuggestionen nutzen

Wandeln Sie jetzt jede einzelne Negativ-Suggestion in eine positive Autosuggestion um. Fragen Sie sich, wie Sie sich eigentlich fühlen möchten. Was brauchen Sie an Eigenschaften, um Ihren Zielen näher zu kommen? Entwickeln Sie daraufhin passende Worte für Ihre innere Stimme!

Wunschwirkung: Wie möchte ich mich fühlen?	Passende positive Suggestion:

Vorstellungskraft als Schlüssel zum Erfolg

„Unser Unterbewusstsein kann nicht unterscheiden, ob etwas Realität oder bloß lebendige Vorstellung ist."

Die Vorstellung lässt einem „das Wasser im Mund zusammenlaufen"

Ich möchte mit Ihnen jetzt ein kleines Experiment machen. Konzentrieren Sie sich einen Moment auf folgende Vorstellung: Sie halten in Ihrer rechten Hand eine dicke, saftige, gelbe Zitronenscheibe. Der Saft läuft Ihnen über die Finger, während Sie das leichte Prickeln der Fruchtsäure auf Ihrer Haut spüren. Und nun führen Sie die Zitrone zum Mund und beißen herzhaft hinein.

Nun, was haben Sie als Reaktionen wahrgenommen: Speichel fließt im Mund zusammen; vielleicht haben Sie auch unwillkürlich das Gesicht verzogen, wegen des sauren Geschmacks? Ist es nicht erstaunlich, wie echt Ihnen diese Zitrone in Ihrer Vorstellung vorgekommen ist? Vielleicht wird Ihnen jetzt auch klar, warum die meisten Menschen an Diäten scheitern. Sie beschäftigen sich ja den ganzen Tag nur geistig mit dem Essen, natürlich auch mit dem, was sie nicht mehr essen dürfen, und das schmeckt gerade so gut. Falsch:

Erinnern Sie sich? Sie können nicht nicht an Spaghetti, Sauerbraten oder Eiscreme denken. Bei der Aufzählung dieser Delikatessen läuft Ihnen doch schon das Wasser im Mund zusammen. Das Einzige, was hilft, ist, sich mit anderen Dingen zu beschäftigen, sich geistige Nahrung zu geben. Was auch immer Ihnen gefällt und Sie sättigt: Bücher, Hobbys, Unterhaltungen oder Ausgehen.

Der Körper reagiert unmittelbar auf Vorstellungen und Gefühle

Ein Lügendetektor misst die elektrische Leitfähigkeit der Haut. Diese ändert sich, wenn die Haut mehr Feuchtigkeit absondert, zum Beispiel bei erhöhtem Stress beim Lügen, und das Gerät nimmt diese winzige Veränderung wahr. Die Haut reagiert hoch empfindlich auf unsere inneren Abläufe, auf Vorstellungen oder Gefühle. So wird unsere Haut zum Beispiel blass vor Schreck oder rot vor Scham. Manchmal möchten wir aus der Haut fahren, und bestimmte Erlebnisse gehen uns sinnbildlich unter die Haut. Andersherum können Sie mit geeigneten Vorstellungsbildern Ihre Haut direkt beeinflussen. Stellen Sie sich zum Beispiel an einem schwülen, heißen Sommertag vor, wie ein kühlender Wind sie umstreift, und sie werden eventuell sogar eine Gänsehaut bekommen. Hautpatienten können sich vorstellen, wie angenehm kühlendes Quellwasser ihre Hautirritationen oder ihren quälenden Juckreiz wegwäscht, und tatsächlich verbessert sich die Hautbeschaffenheit dieser Patienten beträchtlich. Da die Haut an der Oberfläche des Körpers liegt, können wir an ihr die Effekte unserer Vorstellungen natürlich besonders gut ablesen. Alle anderen Organe lassen sich aber ebenso beeinflussen, wenn auch mit anderen speziellen Vorstellungen.

Imagination kann chronische Beschwerden heilen

Aus der Medizin sind hinreichend Beweise für die Macht der Vorstellungskraft über den Körper bekannt. In der ganzheitlichen Krebstherapie wurden Verfahren entwickelt, die auf reiner Vorstellung beruhen. Der Kranke konzentriert sich intensiv auf selbst entwickelte Bilder, wie beispielsweise weiße Blutkörperchen, die wie Ritter alle Tumorzellen bekämpfen. Diese Suggestionen auf der Geistesebene haben bei regelmäßiger Anwendung tiefgreifende Effekte auf der Zell- und Körperebene. Dr. Simonton, amerikanischer Krebsspezialist und Pionier der Imaginationstherapie bei Krebskranken, heilte viele teils von der Schulmedizin aufgegebene Fälle mit seiner Technik, die eine Kombination von konzentrierten Heilimaginationen und Stärkung des Lebenswillens ist.

Intensive Vorstellungen erzeugen Realität

Wir sehen den blauen Himmel, haben den Geruch frisch geschnittenen Grases in der Nase und hören das Summen der Bienen und das Zwitschern der Vögel. Für unser Gehirn ist diese Vorstellung, wenn man sich intensiv auf sie konzentriert, bald Realität, und der Effekt, den dieses Sommerszenario auf uns hat, ebenso. Das lateinische Wort „imago" bezeichnet das innere Gedankenbild, das in der Außenwelt verwirklicht werden kann. Imagination ist Bildgestaltungskraft und wird meist gleichbedeutend wie Visualisieren benutzt, dem inneren Schauen. Bei der Imagination werden auch anderen Sinne, das Hören, Riechen und Fühlen, mit hinzugezogen. Wenn man etwas, zum Beispiel den Ausgang eines Ereignisses, sehr lebendig vor dem inneren Auge ablaufen lässt und glaubt, dass es so eintreten wird, erhöht man die Wahrscheinlichkeit. Das Unterbewusstsein ist hochaktiv und ständig auf der Suche nach Informationen, die dieses Bild noch realer machen. Wir können also unseren Körper, unsere Gefühle und unser Verhalten steuern, einerseits durch Selbstbeeinflussung mit Worten, indem wir unsere inneren Monologe kontrollieren, andererseits durch unsere Vorstellungskraft. Wir erzeugen durch unsere Gedanken und Vorstellungen sogar Wirklichkeit. Der konzentrierte Gedanke: „Ich kann" und die Vorstellung „Ich sehe es, wie ich es kann" wirken wie ein hoch wirksames Kraftfeld.

Aktiv-Entspannung für einen neuen Energieschub

Wenden Sie die Kraft der Imagination jetzt auf Ihre Ziele an. Die folgende aktive Entspannung soll Ihre Energie, Ihren Willen und Ihr Durchhaltevermögen stärken. Lernen Sie zunächst den Ablauf und die Reihenfolge der Imaginationen und steuern Sie diese dann in der Entspannungsphase nach Ihrem eigenen Tempo. Nehmen Sie sich etwa 10 bis 15 Minuten Zeit und machen Sie es sich an einem ruhigen Ort bequem.

- Finden Sie sich an Ihrem persönlichen Ort der Ruhe ein und spüren Sie, wie sich Ihr gesamter Körper nach und nach entspannt.
- Mit jedem Atemzug können Sie sich ein wenig mehr entspannen. Lassen Sie den leichten Trancezustand einfach wie von selbst geschehen
- Vielleicht spüren Sie die wundersame Lebensenergie, die Sie überall umgibt? Laden Sie Ihren Körper und Ihren Geist mit dieser angenehm-prickelnden Lebensenergie auf. Mit jedem weiteren Atemzug atmen Sie reine Lebensenergie ein.
- Diese strömt durch alle Zellen. Ihr Körper kann wachsen, sich mit Kraft aufladen, gesünder und stärker werden. Lenken Sie bewusst Energie in die Körperbereiche, die Energie zur Heilung brauchen.
- Stellen Sie sich jetzt Ihr Ziel vor. Sehen Sie sich genau an, wie Sie Stück für Stück Ihren Zielen näher kommen. Genießen Sie, wie Sie mit jedem weiteren Schritt die Lebensenergie durch den Körper pulsieren fühlen. Sehen Sie gelassen alle Einzelschritte zum Ziel.
- Ihr Ziel zieht Sie zusätzlich an wie ein Magnet. Spüren Sie diese angenehme Anziehungskraft. Wie von selbst werden Sie sich langsam auf Ihr Ziel zubewegen und Ihrem Wunschtraum auf natürliche Weise immer näher kommen.

- Werden Sie mit jedem Atemzug wieder wacher, stehen sie schließlich auf und strecken Sie Ihre Körpermuskulatur, bis Sie wieder ganz wach sind.

Sie können die Übung immer dann machen, wenn Sie einen neuen Energieschub benötigen.

 Zur Intensivierung nutzen Sie auch die CD.

Manipulation von außen unwirksam machen

*„Jedes Kind ist ein Künstler.
Das Problem besteht darin, wie es ein Künstler bleiben kann,
wenn es aufwächst."*
Pablo Picasso

Wenn andere wissen, was gut für einen ist

Ein kleines Mädchen wünscht sich nichts sehnlicher als Schauspielerin zu werden. Ihre Eltern versuchen Sie zu überzeugen: „Schauspielerei ist doch kein richtiger Beruf, Künstler leben irgendwann auf der Straße." Die eigentlich gut gemeinte Warnung der Eltern hat jedoch tief greifende Folgen für das Kind. Durch den Einfluss der Eltern prägt es wahrscheinlich ein inneres Muster wie: „Wenn ich Künstler wäre, müsste ich auf der Straße leben und wäre nie erfolgreich." Vielleicht wird das kleine Mädchen nie seinen Wunschtraum wahr werden lassen und sein ganzes Leben lang diesen Missstand bedauern. Möglicherweise hat sie aber auch die Kraft, sich innerlich von der Überzeugung ihrer Eltern zu lösen, das Muster zu knacken und ihren eigenen Weg zu gehen? Es ist unheimlich schwer, sich von der Manipulation von außen einigermaßen frei zu machen und den eigenen Weg zu finden. Wir Menschen beeinflussen uns selbst tagtäglich mehr oder weniger unbewusst mit einem Sturm von Vorstellungen, Irrglauben und Erwartungen, die zum größten Teil durch unsere Umgebung manipuliert sind. Unsere Erziehung durch Eltern und Schule, aber auch die Kirche und unsere Politik haben ihre Spuren tief in unseren Köpfen hinterlassen. Sie haben unter anderem auch unsere Ziele und Werte, unseren Glauben und Einstellungen über die Welt und uns selbst geprägt. Besonders bei unseren Zielen ist es sinnvoll, diese noch einmal näher zu betrachten. Wenn Sie unter die Oberfläche Ihrer Ziele schauen und die Werte dahinter erkennen, versetzt Sie diese Erkenntnis in die Lage, größere Entscheidungsfreiheit zu bekommen. Wenn Sie klar erkennen, welche Bedürfnisse Sie antreiben und welche Werte Ihnen wichtig sind, haben Sie viele verschiedene Möglichkeiten, geeignete Ziele zu entwickeln und sich Ihre wahren Bedürfnisse zu erfüllen.

Mode und Medien prägen, was schön ist

Ein junger Mann mit sehr schmaler Statur quälte sich beinahe täglich in Fitnessstudios, um Muskelmasse aufzubauen. Er wollte aussehen wie die Vorbilder in all den Actionfilmen, die ihm so imponierten. Nach fast einem Jahr unglaublicher Strapazen und hohem Energie- und Zeitaufwand brach er innerlich zusammen und er wurde depressiv. Zu seiner großen Enttäuschung war er immer noch verhältnismäßig schmächtig, da er keine Veranlagung besaß, Muskelmasse aufzubauen. Es brach ihm fast das Herz, seinen großen Traum vom Heldenkörper nicht erreichen zu können. Ich fragte ihn in einem Einzelgespräch, warum er unbedingt so aussehen wolle. Er verriet mir, dass er so hoffte, mehr Respekt, Ansehen und Anerkennung von anderen zu bekommen. Sein Ziel, ein Muskelprotz zu werden, war motiviert durch sein starkes Bedürfnis nach Anerkennung. Als ihm seine wahre Motivation endlich bewusst wurde, fand er schließlich andere, für ihn passendere Möglichkeiten, dieses Bedürfnis wirklich zu befriedigen. Er pflegte wieder lange vernachlässigte Freundschaften, besuchte Schauspielkurse und entdeckte so seine Liebe zum Theater.

Mode und Medien reflektieren einerseits die Themen und Trends der Zeit. Aber andererseits beeinflussen sie auch unser Urteilsvermögen, was wir für schön, ästhetisch oder erstrebenswert halten. Durch die Illusionen, die in Videoclips, Computerspielen oder Filmen vorgetäuscht werden, entsteht eine Erwartungshaltung bei vielen Teenagern, die sich in übermäßigem Konsum und überzogenem Erfolgsdruck äußert. Vorbilder und Idole der Medienwelt suggerieren den sehr beeinflussbaren Jugendlichen, dass vor allem äußere Werte wie Schönheit, Jugend, Potenz, sexuelle Ausstrahlung und Gewalt zählen und Erfolg bedeuten. Viele wahre Bedürfnisse bleiben dabei auf der Strecke, und das führt bei diesen Opfern nicht selten zu Depressionen und Drogenmissbrauch.

Die Macht ärztlicher Diagnosen

Eine der wohl machtvollsten Manipulationen sind Diagnosen von Ärzten, die ohne weitere Überlegung über deren Auswirkungen vor dem Patienten ausgesprochen werden. Der durchschnittliche Patient glaubt und vertraut seinem Arzt, der schließlich ein Fachmann ist. Wenn dieser Arzt ihm aber mit seiner Diagnose Nebenwirkungen einer Behandlung verspricht oder im schlimmsten Fall prophezeit, dass er an seiner Krankheit sterben wird, dann wirken diese Suggestionen wie Befehle im Unterbewusstsein des Patienten. Ein Arzt, der seinem Patienten auch noch „einfühlsam" mitteilt, dass er nur noch drei Monate zu leben hat und keine Therapie mehr helfen könnte, lügt nicht nur, sondern spricht eine machtvolle Suggestion aus, die zur selbst erfüllenden Prophezeiung wird, wenn der Patient ihm glaubt. Wie kann sich denn der Arzt aufgrund von statistischen Wahrscheinlichkeiten so sicher sein und woher weiß er, dass es keine anderen, vielleicht außerschulmedizinischen Behandlungsmöglichkeiten mehr gibt? Im Voodookult werden ähnliche Techniken genutzt, um Opfer einzuschüchtern. Wenn diese Menschen an die symbolischen Todesdrohungen genügend glauben und ihre Angst groß genug ist, können sie erkranken oder sogar sterben.

Alterungsprozesse durch Suggestion beeinflussbar

Wissenschaftler vertreten die Ansicht, dass die Alterungsprozesse weitestgehend durch Suggestionen hervorgerufen werden. Und im Prinzip seien sie durch die Kraft des Geistes bis zu einem gewissen Grad auch überwindbar. Es ist zwar eine Tatsache, dass sich mit dem Altern erfahrungsgemäß der Stoffwechsel verschlechtert, sich Pigmente einlagern und die Zellteilung und Regenerationsfähigkeit verlangsamt. Die gleichen Prozesse lassen sich aber genauso in Hypnoseexperimenten mit entsprechenden Suggestionen auslösen. Sicher ist nur, dass auch viele alterskonforme Verhaltensweisen erlernt sind. Ältere Menschen entsprechen in vielem nur der suggestiven Erwartungshaltung ihrer Umwelt und ihre eigenen. Und wer kennt sie nicht, die gängigen Volksweisheiten wie: „Ab 30 geht's abwärts. Da lässt der Stoffwechsel nach, und man setzt an."

Es gibt ausreichend Beispiele von Menschen, die bis ins hohe Alter ihre Vitalität, Schönheit und Gesundheit bewahren. Das liegt nur zum Teil an ihren genetischen Veranlagungen. Unsere Lebensweise, ein bewusster Umgang mit unserem Körper und seelische Ausgeglichenheit bestimmen nachweislich unseren Gesamtzustand. Ich erinnere mich in diesem Zusammenhang an verschiedene Klienten im Alter von 50 Jahren oder älter, die mehr Vitalität und Jugendlichkeit ausstrahlten als die meisten 20-Jährigen. Auch der Umgang mit jüngeren Menschen oder solchen, die Vitalität und Jugend ausstrahlen, wirkt bei Älteren verjüngend.

Eine Bekannte berichtete über ein faszinierendes Phänomen bezüglich ihres Alters. Diese Frau arbeitete in gehobener Position eines Unternehmens und wurde von dem Team, das sie leitete, als erfahrene und reife Führungspersönlichkeit geschätzt. Aus Spaß an der Sache nahm sie auch ab und zu noch Jobs als Mannequin an, so hatte sie sich damals ihr Studium finanziert. Sobald sie sich also in einer solchen Umgebung befand, sich dementsprechend auch anders verhielt und kleidete, wurde sie von Außenstehenden auf Anfang zwanzig geschätzt, also mehr als zehn Jahre jünger, als sie in Wirklichkeit war. Wahrscheinlich erinnerte sie sich an ihre Zeit als junge Studentin, bekam wieder einen jugendlichen Ausdruck und verhielt sich auch so wie damals. Die inneren Stimmungen, das Gefühl, jung und voller Energie zu sein, ist ebenfalls eine machtvolle Selbstsuggestion, die natürlich auch auf die Umgebung eine Wirkung hat. Diese Suggestion ist in der Lage, die Hautbeschaffenheit, die Haltung, den gesamten Ausdruck inklusive der Mimik derart zu verändern, dass die gleiche Person wesentlich jünger aussieht.

Eigene Manipulierbarkeit bewusst machen

Verschaffen Sie sich mehr Klarheit bezüglich Ihrer eigenen Manipulierbarkeit! In welchen Bereichen haben Sie den Eindruck, dass Sie besonders beeinflussbar sind? Wo lassen Sie sich von bestimmten Personen eine Meinung vorgeben, die Sie vielleicht noch einmal näher überdenken könnten?

Welchen Vorteil ziehen die Personen, die auf Sie einwirken, aus der Manipulation. Wozu oder warum müssen diese Sie beeinflussen? Machen Sie sich die Motivation dieser Menschen klar.

5.
Persönliche Potenziale entfalten

*„Wenn wir Gottes Schöpfung betrachten, wird klar,
dass der Schöpfer selbst nicht wusste, wann er aufhören sollte.
Maßlos schöpfte er nicht nur eine Blumenart, sondern hunderte.
Dieser Schöpfer sieht verdächtig wie jemand aus, der kreative
Aktivität unterstützen könnte."*
Julia Cameron

Jeder Mensch ist einmalig und voller Potenziale

Welche Eigenschaften zeichnen Sie aus?

Während meiner vierjährigen Tätigkeit als Psychologin im Klinikbereich wurde mir vor allem eines klar: Jeder Mensch hat seine eigene Lebensgeschichte und herausragende, ganz individuelle Eigenschaften und Talente. Manchmal bestand die „Therapie" nur darin, dieses besondere Potenzial, das oftmals nicht erkannt worden war, bewusst zu machen, und das Selbstbild einer Person änderte sich entscheidend.

Ich erinnere mich in diesem Zusammenhang an einen kleinen Jungen, dessen Mutter mich in meiner Sprechstunde aufsuchte. Sie machte sich große Sorgen, da ihr zehnjähriger Sohn sehr in sich gekehrt war. Er würde immer allein herumsitzen, Selbstgespräche führen und zeichnen. Dabei wollte sie ihn lieber, wie alle anderen Kinder, draußen herumtoben sehen. Ich unterhielt mich mit dem Jungen allein, und er zeigte mir auch seine Zeichnungen. In einem weiteren Gespräch mit der Mutter konnte ich sie beruhigen: Der Junge wäre vom Typ her eher ruhig und introvertiert – eben ganz anders als die anderen. Und ich empfahl ihr, sein herausragendes Zeichentalent, welches mich sehr beeindruckt hatte, unbedingt zu fördern.

Nun hat nicht jeder Mensch das Glück, dass seine einzigartigen Eigenschaften und Talente schon so früh erkannt und gefördert werden. Sie haben jetzt die Chance, sich selbst und einen Teil Ihres Potenzials zu erkennen. Machen Sie sich Ihre ganz besonderen Eigenschaften bewusst. Was zeichnet Sie im Vergleich zu anderen aus? Bitte urteilen Sie noch nicht ob sich hinter diesen Eigenschaften Stärken oder Schwächen verstecken. Seien Sie offen und versuchen Sie einfach so viele Eigenschaften an sich zu entdecken, wie Sie finden können. Sammeln Sie dabei Informationen aus Ihrer eigenen Wahrnehmung und Fremdwahrnehmung (– also der Wahrnehmung anderer). Beachten Sie aber, dass jede Wahrnehmung subjektiv ist. Es gibt keine objektive Wahrnehmung, sondern jeder Mensch nimmt die Welt durch seine eigenen Augen war. Bleiben Sie also immer ein wenig kritisch und fällen Sie keine vorschnellen Urteile. Vielleicht helfen Ihnen die nachfolgenden Fragen, mehr über sich selbst herauszubekommen.

Filtern Sie Informationen aus Fremdwahrnehmungen

Es ist sehr schwer, sich selbst und seine Besonderheiten ohne einen Spiegel von außen zu erkennen. Befragen Sie vielleicht Freunde, was diese aus einem ganz anderen Blickwinkel, quasi von außen, an Ihnen entdecken. Genauso wie bei Ihrer Selbstwahrnehmung kann die Fremdwahrnehmung nicht wirklich objektiv sein. Filtern Sie daher die Rückmeldungen, die Sie von anderen bekommen, und bleiben Sie kritisch, wenn Urteile über Sie gefällt werden. Denn jeder Mensch sieht seine Umwelt durch eine sehr persönlich getönte Brille. Der eine schaut eher durch rosarot gefärbte Gläser und ein anderer sieht aufgrund seiner persönlichen Erfahrungen oder seiner Stimmung eher schwarz. Das Feedback durch andere hat also viel mit der persönlichen Wahrnehmung, der inneren Einstellung und der Beziehung zueinander zu tun. Lesen Sie zu diesem Thema auch Kapitel 7, in dem der professionelle Umgang mit Feedback erklärt wird.

Positive Ziele formulieren

Erkennen persönlicher Eigenschaften (Eigenwahrnehmung)
Beantworten Sie folgende Fragen, um sich ein genaueres Bild über Ihre Persönlichkeit zu machen:

- Welche Eigenschaften kennen Sie von sich? Wie sind Sie wirklich?

- Was hat Sie bisher im Leben erfolgreich gemacht?

- Was zeichnet Sie im Privatleben aus?

- Was sind Ihre Hobbys und welche Eigenschaften besitzen Sie in diesen Bereichen?

- Was verraten Ihnen Ihre Träume und Ziele über Ihre Persönlichkeit?

- Welche Eigenschaften haben bisher verhindert, dass Sie Ihre Ziele erreichen?

- Was lieben Sie an sich und was lehnen Sie selbst ab?

Fremdwahrnehmung

Welche Eindrücke meldet Ihre Umgebung zurück? Was loben oder kritisieren andere an Ihnen? (Achtung: Wahrnehmung ist nie objektiv, deshalb besser Filter einbauen!)

- Welche Stärken loben Ihr Arbeitgeber oder Kollegen an Ihnen?

- Welche Kritikpunkte meldet Ihr Arbeitsumfeld Ihnen zurück?

- Was loben Ihre Freunde oder Ihre Familie an Ihnen?

- Welche Eigenschaften empfinden andere manchmal als störend?

Die Umgebung entscheidet, ob wir unsere Ressourcen nutzen können

Jetzt haben Sie sich schon einen großen Teil Ihrer Persönlichkeit und Ihrer ganz individuellen Eigenschaften bewusst gemacht. Am besten wäre es natürlich, wenn Sie jetzt eine Umgebung für sich finden würden, die optimal zu Ihnen passt. Wie für den Fisch im Wasser oder den Vogel in der Luft gibt es auch für Sie eine optimal passende Arbeitsumgebung, in der Sie Ihre Ressourcen voll entfalten können. Leider werden wir in unserem Schulsystem alle in die gleichen engen Kästchen gepresst. Wir werden alle an einer Durchschnittsskala gemessen, die selten den besonderen Fähigkeiten und Talenten des Einzelnen gerecht wird. Wenn unsere besonderen Stärken in einem Bereich liegen, der in der Schule nicht gefragt ist, werden sie unter Umständen gar nicht erkannt. Selbst die gängigen Intelligenztests können immer nur einen Teil unserer Intelligenz messen. Fähigkeiten wie praktische Intelligenz, Fantasie oder die Begabung, einfühlsam mit anderen Menschen umgehen zu können, die so genannte emotionale Intelligenz, werden nicht erfasst. Dabei sind es häufig gerade diese Eigenschaften, die Menschen erfolgreich machen. Was zum Beispiel nützen mir hoch spezialisierte Rechenkünste und eine überdurchschnittliche mathematische Intelligenz, wenn ich ohne Feingefühl und kommunikative Fähigkeiten durch jedes Vorstellungsgespräch falle? Selbst Einstein tat sich schwer in seiner Schulzeit und bekam in Mathematik eine Fünf. Das lag eindeutig nicht an mangelnder Intelligenz, sondern vermutlich an der Art des Schulunterrichts, die nicht zu ihm passte oder ihn einfach unterforderte. Einstein entwickelte viele seiner genialen Theorien und Formeln mithilfe seiner Fantasie.

Wenn alle über einen Kamm geschoren werden

In der Schule der Tiere steht heute Laufen auf dem Programm. Auch die Ente watschelt los und kommt als Letzte ins Ziel. Der Lehrer ist sehr enttäuscht über die schlechte Leistung der Ente und gibt ihr auf, so lange das Laufen zu üben, bis sie genauso gut wie die anderen sei. Die Ente läuft und läuft und übt und übt und wird doch nur wenig schneller. Schließlich zerstört sie vom vielen Laufen sogar ihre empfindlichen Schwimmhäute. Der Lehrer hat überhaupt kein Verständnis mehr, als die sonst sehr begabte Schwimmerin plötzlich auch in ihrem Lieblingsfach schlechte Leistungen erbringt. Und da die Ente nun weder beim Schwimmen noch beim Laufen besser wird, wird sie schließlich sogar von den anderen Tieren gehänselt und geächtet und gilt fortan als Versager.

Ähnlich wie in dieser Geschichte funktioniert es auch im richtigen Leben. Wenn jemand, der im übertragenen Sinne ein Schwimmtalent besitzt, zu Lande eingesetzt wird, tut ihm das weder gut noch ist er in der Lage, besondere Leistungen zu erzielen. Zu Wasser könnte er sein Talent entfalten und sich sehr erfolgreich im Leben durchsetzen.

Optimale Arbeitsumgebung

Welche fachlichen Qualifikationen zeichnen Sie aus? Welche besonderen Kenntnisse haben Sie und in welchem Bereich besitzen Sie Fachwissen?

In welchen Lebensbereichen sind Sie von Ihrer Persönlichkeit und Ihren fachlichen Qualifikationen her optimal für Erfolg ausgestattet. Welche Fähigkeiten zeichnen Sie aus und wo, in welcher Arbeitsumgebung, können Sie diese am besten einsetzen?

Verborgene Talente wecken

"Es scheint, als würden wir durch die Wellen der Vielfalt aus einem ruhigen Teich aufs weite Meer geschleudert. Das Universum gab uns ein gutes Boot und starke Ruder, um die gewaltigen Wellen zu durchqueren. Wenn wir aber nicht wissen, wie man sie benutzt, müssen wir unsere Augen offen halten. Wir müssen die uns innewohnende Kraft erkennen, das Ziel fest ins Auge fassen, die wogenden Wellen zerteilen und uns so in die Lage bringen, die stürmische See zu durchrudern. Nur wenige auf dieser Welt kennen ihre wahre Stärke. Die meisten sehen nur einen Teil ihrer Fähigkeiten, der wie die Spitze eines Eisberges an der Oberfläche sichtbar ist. Sie vergessen, dass der weitaus größere Teil unter der Oberfläche im Verborgenen liegt."

Koichi Tohei

Wir sind oft besser, als wir selbst annehmen

Einer meiner Seminarteilnehmer war sehr unglücklich über seine Eigenschaft, nie viel zu reden und sich aus allem herauszuhalten. Wenn alle anderen in seinem Arbeitsteam wetteiferten und es hoch herging, wurde er immer ruhiger und sagte nur etwas, wenn er ausdrücklich von den anderen gefragt wurde. So befürchtete er, dass alle anderen ihn für einen Leisetreter und Versager halten würden und sein Ansehen im Team nicht besonders gut sei. Als seine Befürchtungen endlich in einem Teamtraining zur Sprache kamen, traute er beinahe seinen Ohren nicht. Die anderen schwärmten, wie gut ihnen seine Ausgeglichenheit gerade in hektischen Zeiten tun würde. Er wäre der geliebte Ruhepol des ganzen Teams. Er war sehr erleichtert, dass er sich so getäuscht hatte, und formulierte für sich das Lebensmotto: „In der Ruhe liegt die Kraft." Nun war er sogar stolz auf eine Eigenschaft, die er vorher an sich gehasst hatte.

Hinter Schwächen Potenziale erkennen

Natürlich haben Sie neben vielen Stärken auch Schwächen an sich entdeckt. So kommen Sie zunächst zu einer umfassenden Selbsteinschätzung, auf deren Basis Sie jetzt weiterarbeiten können. Es kommt immer auf den Standpunkt an, ob einem etwas als Stärke oder Schwäche ausgelegt wird. In manchen Situationen kann eine Eigenschaft als Stärke hervortreten, die wir bisher für eine Schwäche gehalten haben. Auch verschiedene Menschen, in deren Umfeld wir uns bewegen, werden an uns bestimmte Eigenschaften entweder als Stärke oder als Schwäche deuten. Je nachdem, wie wir uns einsetzen und in welchem Umfeld wir aktiv werden, können wir unsere Schwächen sogar beinahe gänzlich unsichtbar machen. Denken Sie noch einmal an die Geschichte von dem zappeligen Mädchen in der Einleitung zurück. Im passenden Arbeitsumfeld kann eine Person mit einer Schwäche wie Zappeligkeit oder Umtriebigkeit, die nie lange stillsitzen kann, mit genau dieser Eigenschaft sehr erfolgreich werden. Sie hat es geschafft, einerseits hinter der Schwäche „Zappeligkeit" das Potenzial „körperliche Energie" zu erkennen. Mit ausreichender Bewegung und Sport schaffte sie es dann, ihre Energie zu kanalisieren. Dadurch wurde sie automatisch ruhiger und ausgeglichener und konnte sich in der Schule besser konzentrieren.

Indem Sie hinter Ihren Schwächen Stärken erkennen, können Sie weitere Ressourcen an sich entdecken und mit Ihren Eigenschaften anders umgehen lernen. Wandeln Sie doch einmal Ihre Schwächen in Stärken um. In welchem Umfeld könnte eine Ihrer Schwächen plötzlich eine Stärke sein?

Hinderliche Schwachstellen in persönliche Ziele verwandeln

Jede Eigenschaft hat zwei Seiten, und es kommt auf den Standpunkt und die Umgebung an, ob sie von Nutzen ist oder behindert. Nun sind wir aber nicht in der Lage, unsere Umgebung völlig auf uns einzustellen. Wir müssen uns bis zu einem gewissen Grad an unsere Arbeitsumgebung und Umwelt anpassen, um uns erfolgreich zu behaupten. Einige Schwachstellen, die uns in unserer Traum-Umge-

Schwächen in Stärken umdeuten

Tragen Sie in eine Liste Ihre vermeintlichen Schwächen ein. In welchem Kontext oder in welcher Umgebung könnte diese Schwäche ein Potenzial sein? Welche Kraft steckt hinter dieser Eigenschaft?

Wie müsste das Umfeld sein, damit Sie Ihr Potenzial erfolgreich einsetzen könnten?

bung oder an unserem Traum-Arbeitsplatz kaum auffallen und behindern würden, schaffen uns in der Realität und unserem wirklichen Lebensumfeld Probleme.

Es gibt sicherlich Eigenschaften an Ihnen, die Sie auf Ihrem Weg zum Erfolg tatsächlich bloß aufhalten und Ihnen das Leben schwer machen. Sie können sich dieser persönlichen Hemmschuhe annehmen, indem Sie Ziele für sich ableiten und daraus einen Lernprozess formulieren. Ein Beispiel: Hinter meiner Schwäche, aufbrausend und aggressiv zu sein, steckt zwar ein ungeheuerliches Maß an Energie und Durchsetzungskraft, es behindert mich aber dennoch in vielen Bereichen. Mein Ziel ist es daher, viele Dinge ruhiger anzugehen und vieles erst mit klarem Kopf zu überdenken, bevor ich handele. Lenken Sie Ihren Fokus bewusst auf diese persönlichen Lernziele. Indem Sie diese zu Ihrer Zielplanung in Kapitel 2 hinzufügen, schenken Sie diesem Ziel ausreichend Beachtung und können sich diese Eigenschaft nach einiger Zeit tatsächlich aneignen. Der Abschnitt „Ihr stärkster Verbündeter – das Unbewusste" in Kapitel 2 beleuchtet noch einmal die Möglichkeiten, auch persönliche Hindernisse aus dem Weg zu räumen.

„Je feindlicher die Umgebung ist, desto stärker zwingt sie die Zelle oder das Individuum, unbekannte Fähigkeiten zu entwickeln."

Ungeahnte Kräfte und Fähigkeiten entdecken

Welche bisher nicht gelebten Fähigkeiten oder Eigenschaften schlummern in Ihnen und warten auf ihre Entdeckung? Oft haben Menschen alle Fähigkeiten, die sie brauchen, um eine schwierige Aufgabe zu lösen oder um ihre Träume zu verwirklichen. Die wenigsten Menschen wissen über den verborgenen Schatz, der in ihnen schlummert, noch haben sie eine Ahnung davon, wozu sie in der Lage wären. Es gelingt ihnen in der Regel nicht einmal, die Ressourcen zu nutzen, die sie von sich kennen, noch schaffen sie es, in entscheidenden Situationen diese zu aktivieren.

Oft sind es existenzbedrohende oder extreme Ereignisse, in denen wir plötzlich über ungeahnte Kräfte und Fähigkeiten verfügen. Ich erinnere mich an die Erzählung eines Seminarteilnehmers, der als Fünfjähriger seiner Mutter das Leben gerettet hatte. Sie hatte sich an einer spitzen Schranktür ein Loch in den Kopf geschlagen und lag blutüberströmt am Boden. Sehr besonnen und beruhigend fragte er seine Mutter, wie er helfen könnte, tat alles Notwendige und alarmierte sofort die Nachbarn. Er wuchs in dieser Notsituation förmlich über sein zartes Alter von fünf Jahren hinaus und handelte wie ein Erwachsener.

Finden Sie jetzt eine Situation in Ihrer Lebensgeschichte, in der Sie plötzlich eine Fähigkeit oder Eigenschaft besaßen, von deren Existenz Sie vorher nichts geahnt haben, und erweitern Sie Ihre Liste mit Stärken.

Hobbys verraten mehr über Ihre Talente

Auch als Kind hatten Sie Talente und besondere Fähigkeiten, die Sie ausgezeichnet haben. Vielleicht haben Sie gern Höhlen gebaut, mit Freunden herumgetobt, haben viel gebastelt oder Banden angeführt? Hinter jedem dieser Spiele oder Hobbys stehen grundlegende Fähigkeiten, wie körperliche Ausdauer, handwerkliches Geschick, Vorstellungskraft, Fantasie oder die Fähigkeit, Menschen zu führen und Verantwortung zu übernehmen.

Untersuchen Sie auch Ihre aktuellen Hobbys nach grundlegenden Fähigkeiten, die diese auszeichnen. Beispielsweise hat jemand, der als Kind gern Banden angeführt hat und immer der „Leithammel" war, schon früh die Fähigkeit gezeigt, andere zu führen, motivieren zu können und Verantwortung zu übernehmen. Vielleicht hat er auch einfach die besten Ideen gehabt und wurde deshalb von den anderen zum Gruppenleiter gewählt. Welche Eigenschaften brauchen Kinder, die gern vor sich hin basteln oder zeichnen und sich gut mit sich selbst beschäftigen können? Vielleicht zeichnen sich diese Menschen besonders durch Kreativität, räumlich-visuelles Vorstellungsvermögen und die Fähigkeit, mit sich allein sein zu können, aus.

Vergessene Talente wieder entdecken

Beantworten Sie sich folgende Fragen am besten schriftlich:

- Was haben Sie als Kind gern gespielt? Womit haben Sie sich gern beschäftigt?

- Was konnten Sie als Kind gut? In welchen Bereichen waren Sie talentiert?

- Welche Fähigkeiten haben Sie in Notsituationen an sich entdecken können?

In welchen Situationen können Sie von diesen Fähigkeiten Gebrauch machen? Wo können Sie dieses Potenzial besonders gut einsetzen?

Talent/Fähigkeit:	In folgenden Situationen einsetzen:

Den Schatz im Unterbewusstsein bergen

Der größte Teil liegt unter der Oberfläche

Stellen Sie sich vor: Ein See liegt vor Ihnen. Die Wasseroberfläche funkelt und reflektiert im Sonnenlicht. Schauen Sie auf die Oberfläche des Sees. Wenn Sie in das klare Wasser eintauchen, wird Ihnen bewusst, dass der weitaus größte Teil des Sees unterhalb der Wasseroberfläche liegt. Man kann nur vermuten, wie viele Fische, Pflanzen und andere Tiere tief unten in diesem See leben. Und in vielen Seen sind uralte Schätze verborgen. Diese zu bergen und an die Wasseroberfläche zu bringen ist oft nicht einfach. Meistens braucht man eine Taucherausrüstung, um den Grund eines Gewässers intensiv zu erforschen. Und wenn man dann etwas Interessantes entdeckt hat, so bringt man es am besten zur Wasseroberfläche herauf. Denn erst im Tageslicht an der Oberfläche erkennt man die geborgenen Schätze, und sie beginnen im Licht zu glänzen.

Wie bei einem See liegt auch der größte Teil unseres Wissens im Verborgenen, im Unterbewusstsein. Die Wasseroberfläche ist der gut sichtbare Teil, der die uns bekannten Fähigkeiten und Informationen darstellt. In der Tiefe liegen unsere Wünsche, unsere Talente und Fähigkeiten, ungeahnte Kräfte, aber auch unsere Befürchtungen, Ängste und alte Muster, in die wir uns ständig wieder verstricken. Wie ein Taucher kann man sich auf die Suche nach seinen inneren Schätzen machen, wie zum Beispiel einer Fähigkeit, die man lange nicht mehr ausprobiert hat. Man schaut sie sich bewusst an, überlegt, wofür man sie nutzen kann, und lässt sie dann wieder hinuntersinken ins Unbewusste. Eine geöffnete Fähigkeit kann dort wirken, ohne dass wir uns ständig an sie erinnern müssen. Das übernimmt das geniale Unbewusste von allein.

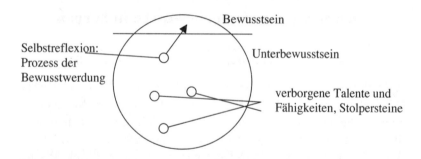

Vertrauen Sie auf Ihr geniales Unterbewusstein

Ein Kellner geht mit einem Riesenberg Geschirr auf dem Tablett in Richtung Küche. Im Geiste ist er schon mit der nächsten Bestellung beschäftigt. Plötzlich fragt ihn ein kleiner Junge am Nebentisch, wie er so viel Geschirr auf einmal auf dem kleinen Tablett balancieren kann. Der Kellner runzelt die Stirn, überlegt und strauchelt plötzlich. Bevor ihm bewusst wird, was geschehen ist, liegt das Tablett mitsamt Geschirr am Boden. Was ist passiert? Solange der Kellner nicht bedacht hatte, wie er das Tablett trägt, hat sein Unterbewusstsein alle Bewegungen perfekt harmonisiert. Erst die Anregung, sich die Vorgänge und Bewegungen bewusst zu machen, ließ ihn straucheln, da sie seinen natürlichen Bewegungsfluss unterbrachen. Vielleicht kennen Sie dieses Prinzip, wenn Sie schon einmal eine volle Tasse Kaffee auf einem Unterteller tragen wollten. Sobald Sie hinschauen und sich Gedanken über Ihre Bewegungen machen, fangen Sie an zu kleckern. Die meisten Dinge im Leben funktionieren reibungslos, ohne dass wir sie uns bewusst machen müssten. Nur an den Stellen, wo wir uns behindert oder gebremst fühlen, ist es sehr sinnvoll, zunächst innezuhalten und sich dann Zeit zu nehmen, um das Ereignis und das eigene Verhalten zu reflektieren.

Selbstreflexion kann Stolpersteine bewusst machen

Es kann in manchen Situationen sehr sinnvoll sein, sich Ereignisse oder Verhaltensweisen bewusst zu machen, beispielsweise wenn Sie öfters am gleichen Hindernis scheitern. Wenn unser Kellner aus dem Beispiel immer wieder an Tisch 13 stolpert, könnte er sich irgendwann einmal nach der Ursache fragen. Wenn er sich die Zeit nimmt, um sich umzuschauen, wird er am Boden das Bärenfell entdecken, über dessen Kopf er gestolpert ist. Nun muss er nur noch das Hindernis aus dem Weg räumen und er kann wieder ungehindert seiner Tätigkeit nachgehen.

Selbstreflexion ist eine Technik, in der Sie Ihr Verhalten aus einer anderen Perspektive anschauen können. Dadurch bekommen Sie innerlich Distanz und sind in der Lage, etwas objektiver auf ein Ereignis oder ein Verhalten zu schauen. Stellen Sie sich beispielsweise vor, ein wichtiges Gespräch mit einem Geschäftspartner ist schief gelaufen. Sie fragen sich, woran es gelegen hat und versuchen nach Fehlern im eigenen Verhalten zu suchen, um bei der nächsten Chance besser zu handeln. Sehen Sie sich das ganze Ereignis wie eine Filmsequenz aus unterschiedlichen Perspektiven an. Ihre eigene Perspektive kennen Sie bereits. Vielleicht sind Sie verärgert oder enttäuscht, dass das Gespräch nicht nach Ihren Wünschen verlaufen ist. Wechseln Sie jetzt in die Vogelperspektive und schauen Sie sich die gleiche Filmsequenz aus der Sicht eines Unbeteiligten an. Und schließlich begeben Sie sich in die Rolle des anderen. Wie muss das Ganze auf den Gesprächspartner gewirkt haben? Beziehen Sie Ihr Wissen über diese Person mit ein. Was für ein Mensch ist er, was ist sein Ziel und wie erging es ihm wahrscheinlich während des Gespräches? Hier können Sie natürlich nur auf Beobachtungen und Vermutungen zurückgreifen.

Um sich mit schwer wiegenden Ereignissen zu beschäftigen, ist es sehr hilfreich, einen Spezialisten um Unterstützung zu bitten. Ein Psychotherapeut oder Coach kann Ihnen in Fällen wie Beziehungsproblemen oder chronischen Ängsten weiterhelfen, indem er Ihnen unter anderem einen professionellen Kontext und Raum zur Selbstreflexion gibt. Er sollte Ihnen Hilfe zur Selbsthilfe bieten.

Aktiv-Entspannung zur Selbstreflexion
Untersuchen Sie ein für Sie bedeutsames Ereignis nach folgender Methode:

- Kommen Sie innerlich zur Ruhe, atmen Sie gleichmäßig und bringen Sie sich in einen angenehm entspannten Zustand.
- Lassen Sie vor Ihrem geistigen Auge das Ereignis wie einen Film ablaufen und achten Sie dabei auf Ihre Handlungen und Ihr Befinden.
- Sehen Sie das ganze Ereignis aus der Vogelperspektive und schauen Sie sich den Ablauf und das Verhalten aller Beteiligten genau an.
- Dann schlüpfen Sie in die Rolle Ihres Gegenübers und versuchen, das Ereignis aus seinen Augen zu sehen. Wie fühlt sich Ihr Gegenüber und warum reagiert es so?

Suchbegriffe ins geistige Internet schicken

Der Gedanke an Ihr Ziel aktiviert im Unterbewusstsein alle Informationen und Fähigkeiten, die benötigt werden. Wir Menschen verfügen über viel mehr Wissen und über mehr Fähigkeiten, als wir selbst annehmen. Vieles, was Sie im Laufe eines Lebens bewusst aber auch unbewusst als Information aufgenommen haben, ist irgendwo in den Milliarden von Zellverbänden abgespeichert – ähnlich wie auf der Festplatte eines Computers. Von all diesen Daten können wir immer nur einen Ausschnitt auf dem Schirm sehen. Etwa 95 Prozent allen Wissens und aller Informationen sind nicht bewusst. Zu einigen Daten oder Erinnerungen haben wir Zugriff, zu anderen nicht. Die Kunst besteht darin, im richtigen Moment das entscheidende Wissen oder eine nützliche Fähigkeit abzurufen.

Auch wenn Sie Ihr Unterbewusstsein auf passende stimmige Ziele programmiert haben, mithilfe von Vorstellungen, Bildern oder Symbolen können Sie sich einfach darauf verlassen, dass Ihr Unbewusstes auf der ständigen Suche ist. Ist es Ihnen schon einmal passiert, dass Ihnen zufällig genau ein Buch ins Auge fällt, das die Antworten und Lösungen verrät, nach denen Sie gesucht haben? Dieses Phänomen könnten Sie einerseits als Wink des Schicksals deuten. Es könnte aber auch das Ergebnis einer aktiven Suche Ihres Unterbewusstseins nach Informationen zur Lösungsfindung sein. Auch die meisten Fähigkeiten und inneren Zustände, die Ihnen helfen können, sind bereits vorhanden. Sie müssen nur noch in Extremsituationen abrufbar gemacht werden.

Rollen auf der geistigen Bühne spielen

Viele verschiedene Persönlichkeitsanteile

Wie oder wer sind Sie eigentlich? Wie oft stellt man sich diese Frage? Jeder Mensch hat viele verschiedene Persönlichkeitsanteile in sich. Einige zeigt er öfter oder offener als andere. Es gibt sogar einige Anteile, die wir am liebsten verbannen würden, weil Sie uns aus irgendeinem Grund nicht gefallen. Wir Erwachsene haben beispielsweise alle noch einen Persönlichkeitsanteil in uns, den man das „Innere Kind" nennen könnte. Viele Erwachsene vermeiden es diesen Anteil in der Öffentlichkeit zu zeigen, geschweige denn, ihm Möglichkeit zu geben sich auszutoben. Wenn diese Erwachsenen erkennen würden, welche Energie und welches Potenzial in dem Inneren Kind stecken, würden sie dieses nicht mehr aus ihrem Leben aussperren. Das Innere Kind will spielen und Spaß haben, neugierig die Welt erkunden und sich über festgefahrene Grenzen hinwegsetzen. Es will seinen Spielraum der Möglichkeiten erfahren und kreativ sein. Viele erfolgreiche Unternehmer zeichnen sich durch genau diese Eigenschaften aus.

Wir besitzen ebenso einen Weisen in uns, das ist die Stimme der Vernunft. Der Abenteurer gibt uns den Mut, uns neuen Herausforderungen zu stellen. Wir sind gleichzeitig Geliebte, Mutter oder Vater, Komiker, Künstler, Opfer, Täter, Richter oder Verräter. Jeder Mensch hat viele verschiedene dieser Personen in sich, von denen er einige mehr auslebt als andere. An einigen Stellen seiner Persönlichkeit gibt es so etwas wie einen blinden Fleck. Das bedeutet, das uns bestimmte Anteile nicht bewusst sind oder wir sie verdrängen. Alle Anteile zusammen bilden im Idealfall ein Team, das sich berät, eine Entscheidung trifft und dann Hand in Hand arbeitet.

Persönlichkeitsanteile

Welche Persönlichkeitsanteile haben Sie in sich? Welche davon sind dominant, welche sind eher im Hintergrund und welche würden Sie am liebsten verbannen?

Unsere Bedürfnisse verschaffen sich Gehör

Leider vertragen sich unsere Persönlichkeitsanteile im Normalfall nicht immer. Da gibt es häufig Streit zwischen Inspiration und Vernunft oder zwischen Abenteurer und Kritiker. Wenn sich zwei oder mehrere Anteile bekämpfen, dann liegt ein innerer Konflikt vor. Natürlich kann man Probleme ohne langes Nachdenken lösen, indem man dem einen Recht gibt und den anderen zum Schweigen verurteilt. Der so erreichte Frieden ist aber nur von kurzer Dauer. Der nicht angehörte Teil wird sich Gehör verschaffen und so lange im Unbewussten drängeln, bis er wieder an die Oberfläche kommt. Ein verdrängter Anteil gibt erst Ruhe, wenn man ihm zuhört, sein Anliegen versteht und abwägt, wie man es einlöscn kann. So ist es zum Beispiel, wenn man dem Bedürfnis nach Veränderung und Abenteuer nicht nachkommt. Der verdrängte Teil meldet sich so lange zu Wort – natürlich in einer verschlüsselten Form – bis ihm Gehör verschafft wird. Oft äußert sich das Bedürfnis in Form von körperlichen Symptomen oder Reaktionen, wie beispielsweise dem Bedürfnis nach Ruhe. Geht man auf dieses innere Bedürfnis nicht ein, schreit der entsprechende Anteil immer lauter und wird aggressiv. Dann äußern sich häufig Symptome wie Kopfschmerzen, Schwindel, Herz-Kreislauf-Probleme oder Verspannungen. Kommt man dem dringenden Bedürfnis trotzdem nicht nach, ist es nur noch eine Frage der Zeit, wann die letzten Energiereserven aufgebraucht sind und man zusammenbricht.

Dem Inneren Kind seinen Spielraum geben

Eine sehr ehrgeizige Führungskraft eines Teams plagten seit Tagen starke Kopfschmerzen, Schwindel und ein Flirren vor den Augen. Der Mann konnte sich nicht mehr konzentrieren, wirkte gequält und erschöpft. In einem Einzelcoaching beschrieb er mir, wie wichtig ihm seine Aufgabe sei und wie gern er die Verantwortung übernahm und jeden während der Gruppenarbeiten zu Spitzenleistungen antrieb. Und plötzlich behinderten ihn diese Symptome in seiner Aufgabe. Er konnte sie sich beim besten Willen nicht erklären. Im Laufe des Gespräches wurde ihm klar, dass er überall und immer die

Rolle des Managers und Verantwortlichen spielte, auch in seiner eigenen Familie. Ihm wurde bewusst, dass viele andere Anteile in ihm zu kurz kamen. Etwas in ihm schrie danach, einfach Verantwortung abzugeben und spielerisch zu sein. Er hatte lange nicht auf die Bedürfnisse seines Inneren Kindes gehört und war zu verbissen geworden. Das hatte sein Team ebenfalls kritisch angemerkt. In einer Hypnosesitzung fragten wir den Anteil, der die Kopfschmerzen produzierte, was dieser denn bräuchte. Mit einem breiten, beinahe kindlichen Grinsen antwortete er: „Ich möchte meine Modelleisenbahn wieder aufbauen und angeln gehen." Wie ich später von ihm hörte, hatte er zu Hause seine alte Eisenbahn auf dem Dachboden aufgebaut und war am Wochenende zum ersten Mal seit langer Zeit wieder angeln gewesen. Die Kopfschmerzen waren wie weggeblasen, und er fühlte sich rundum zufriedener und ausgeglichener, was im Übrigen auch sein Team positiv bemerkte.

Bedürftige Persönlichkeitsanteile

Welchen Teil oder welches Bedürfnis stelle ich momentan zu sehr in den Hintergrund?
Wie kann ich dem bedürftigen Persönlichkeitsanteil das geben, was es braucht?

Entwickeln Sie Mut zum „Ver-rückt"-sein

Spielen Sie Ihre verschiedenen Rollen auf der geistigen Bühne, wie es Ihnen gefällt. Verlassen Sie ganz bewusst die eingefahrenen Gleise und experimentieren Sie ruhig ein bisschen, natürlich mit entsprechender Vorsicht und Zurückhaltung ihrer Umwelt gegenüber. Auch Mut zum Unsinn bringt Sie weiter. Wenn Sie die Norm-Welt ein wenig verlassen und sich langsam und vorsichtig auf neues Terrain begeben, lernen Sie sich besser kennen und können weitere Facetten Ihrer Persönlichkeit hinzufügen. Und genau das wird Sie erfolgreich machen.

Seien Sie doch einfach mal verrückt und brechen Sie aus dem geistigen Gefängnis aus, das uns diktieren will, was erstrebenswert und was schlecht ist. Machen Sie sich frei von dem künstlich geprägten Durchschnittswesen, das viele anstreben, um möglichst wenig in unserer Gesellschaft aufzufallen. Wenn Sie den Mut entwickeln, etwas ver-rückt vom Durchschnitt zu sein, werden Sie Ihre besonderen Potenziale auch gewinnbringend einsetzen können. Seien Sie ganz Sie selbst! Einige dieser Menschen, die im Extremen so leben, werden als Exzentriker bezeichnet. Eine Studie belegt, dass diese Exzentriker länger, gesünder und glücklicher leben als der angepasste Normalbürger.

Mit Offenheit erweitern Sie Ihren Horizont

Viele Menschen urteilen vorschnell über andere, ohne sich über das mögliche Potenzial dieser Menschen im Klaren zu sein. Wer sich das Leben einfach machen will, verurteilt diese anderen Persönlichkeiten nach dem Schubladenprinzip. Genau das wiederfuhr auch einer meiner Patientinnen aus meiner Klinikzeit. Mir kam sogar vom Personal zu Ohren, wie diese angeblich ständig aus der Reihe tanzen würde, überall kritisierte und provozierte. Schließlich wurde sie von der Mehrheit abgelehnt und zur Außenseiterin abgestempelt. Daraufhin erschien sie in meiner Sprechstunde, weil sie sich absolut unwohl fühlte. Sie vermutete, dass ihre direkte Art und ihr überschäumendes Temperament Ursache für die offensichtliche Ablehnung sein könnte. In dem Gespräch fand ich heraus, dass die

Frau eine sehr erfolgreiche Journalistin war, hochintelligent, kreativ und sehr eigenwillig. Sie war anders als die meisten hier, und deswegen wurde Sie gemieden. Wären die anderen Patienten offener gewesen und hätten sich auf diese Persönlichkeit eingelassen, hätten sie ebenfalls interessante Gespräche führen können und neue Eindrücke, vielleicht sogar Inspiration erleben können.

    Es gibt also immer verschiedene Sichtweisen, die man prüfen sollte, bevor man sich zu einem vorschnellen Urteil über einen Menschen hinreißen lässt. Wenn Sie sich aber mit dem Neuen, Fremdartigen näher auseinander setzen, können Sie lernen, Ihren Horizont zu erweitern. Und vielleicht erkennen Sie positive Eigenschaften, die Sie auch in Ihrer eigenen Person entdecken und fördern können. Häufig bekämpfen wir auch das in anderen, was in uns selbst schlummert oder mit dem wir uns auf einer tiefen, meist unbewussten Ebene auseinander setzen. Im oben beschriebenen Fall war es wahrscheinlich ihre extreme Lebendigkeit und das Selbstbewusstsein der Frau, mit dem ihre Mitpatienten nicht umgehen konnten.

6.
Blockaden überwinden lernen

„Derjenige, der das Brot der Trauer nicht gegessen hat, wird nie den Geschmack des wahren Lebens kennen."
D. T. Suzuki

Blockaden und Ängste bewusst machen

Die Prüfungen des Schicksals meistern

Die fernöstlichen Traditionen beschreiben die Suche nach dem eigenen Lebensweg oft mit dem symbolischen Erklimmen eines hohen Berges. Es gibt unzählige Hindernisse und Anstrengungen, den Gipfel zu erreichen. In gewisser Weise ist das wie ein Zweikampf mit diesem Berg. Die Muskeln des Körpers spannen sich und die Finger krallen sich mit aller Kraft am Felsen fest. Jede Bewegung muss mit Präzision und wohl überlegt ausgeführt werden. Ein falscher Schritt könnte einen Rückschritt oder sogar einen Absturz bedeuten. Ähnlich ist es auf dem Weg zum persönlichen Erfolg. Die Hindernisse auf dem Weg bieten dem Menschen die Möglichkeit über sich selbst hinauszuwachsen. Setzt man sich diesem Abenteuer aus, entwickelt sich die Persönlichkeit weiter, der eigene Wille wird stärker und das Potenzial des Menschen wächst. Jede Prüfung ist in Wirklichkeit eine Stärkung und eine Hilfe auf dem eigenen Weg.

Menzius, ein chinesischer Philosoph, sagte: „Will der Himmel den Menschen mit einer wichtigen Mission betrauen, füllt er dessen Herz zunächst mit Bitterkeit, verwirrt sein Denken und bringt seine Vorhaben völlig durcheinander. So zwingt er ihn, sich im Gebrauch all seiner Fähigkeiten zu bedienen. Wenn der Mensch wieder aus dieser Talsohle aufgestiegen ist und alle Prüfungen des Schicksals gemeistert hat, gelingen ihm Dinge, die er sich vorher nicht einmal zu träumen gewagt hätte."

Normalerweise ist der Mensch in einem Kokon körperlicher und mentaler Gewohnheiten verstrickt, seine Sicht der Welt ist durch Illusionen und Sicherheitsdenken verzerrt. Er lebt meist abgetrennt von seinem tiefsten Wesen und so kann er nicht einmal erahnen, welche Möglichkeiten er versäumt. Die Arbeit besteht also darin, die körperlichen und psychischen Blockaden aufzulösen, damit sich die schlummernden Fähigkeiten frei entfalten können. Der Weg zum Erfolg hat also die Wiederherstellung der wahren Persönlichkeit zum Ziel. Aber diese Verwirklichung des Selbst kann nur in einem Kampf

6. Blockaden überwinden lernen

gegen die eigenen Gewohnheiten, gegen die eigenen Fehler, Schwächen und Illusionen gelingen. Will man die inneren Hindernisse überwinden, muss man die Geduld aufbringen, den eigenen Irrglauben und seine Fehler unnachgiebig anzugehen. Die gefährlichsten Fallen sind Hochmut, Feigheit, Bequemlichkeiten, Ungeduld und Zweifel – allesamt genährt durch Illusionen.

Wie innere Blockaden durch Ängste entstehen

Ich erinnere mich an eine Seminarteilnehmerin, die berichtete, dass jede Prüfung für sie wie ein Gang zum Scheiterhaufen war. Sie bereitete sich lange vor der Prüfung auf das furchtbare Ereignis vor, indem sie wieder und wieder die schlimmsten Ängste ausstand. Die junge Frau programmierte sich geradezu auf diesen Gang zum Scheiterhaufen. Als es dann an der Zeit war, passierte alles ähnlich, wie sie es erwartet hatte. Sie bekam einen Blackout nach dem anderen und fiel schließlich durch. Das Ergebnis bestätigte ihre Einstellung und bestärkte sie noch darin, dass Prüfungen tatsächlich abscheuliche Ereignisse seien.

Sie werden sicher mit mir übereinstimmen, dass Prüfungen kein Gang zum Scheiterhaufen sind. Aber wenn jemand ganz fest daran glaubt, kann es tatsächlich so kommen. Es gibt andere mögliche Einstellungen zu Prüfungen. So sah eine andere Teilnehmerin desselben Seminars Prüfungen als Möglichkeit, ihr Können unter Beweis zu stellen – sicher eine viel positivere Einstellung und eine gute Voraussetzung um zu bestehen. Wie kommt es eigentlich zu unseren blockierenden Einstellungen? Wie bilden sich in unserem Gedächtnis derart hemmende Muster aus, die uns ganz und gar nicht gut tun. Zunächst ist es wichtig zu wissen, dass jede dieser inneren Blockaden ursprünglich einen Sinn hatte. Meistens waren sie zum Schutz da. Der Eindruck des Scheiterhaufens entstand, als die junge Seminarteilnehmerin in einer wichtigen Schulprüfung versagte. Sie erlebte die Situation damals als sehr grausam. Sie bekam einen Blackout und die Lehrer malträtierten sie weiter mit ihren Fragen. Der Eindruck, innerlich zu brennen und von hundert Augen beobachtet zu werden, drang tief in ihr Unterbewusstsein. Ein furchtbares Erlebnis für eine junge Schülerin, das einen unter Umständen im Laufe des Lebens als Trauma weiterverfolgen kann. Um sie vor weiteren Erlebnissen dieser Art zu schützen, entwickelte ihr Unterbewusstsein eine entsprechende Schreckensvorstellung. Diese sollte sie eigentlich davon abhalten, sich jemals wieder in eine solche Situation zu begeben.

Knallrote Etiketten für unsere Erinnerungsschubladen

Je häufiger Informationen mit starken Emotionen abgespeichert werden, desto einfacher können sie wieder abgerufen werden. Im Falle der jungen Seminarteilnehmerin war die Erinnerung an die Prüfungssituation mit der Angst, noch einmal so zu „brennen", verbunden. Das ist wie eine Schublade, auf die ein dickes knallrotes Etikett geklebt wird: „Achtung, Prüfung brennt höllisch!" So finden Sie den Inhalt der Schublade am schnellsten wieder. Je stärker das Gefühl bei einer Erinnerung ist, desto einfacher kann diese wieder aktiviert werden. Wenn die Erinnerungsbahnen gut eingefahren sind, das heißt häufig genug wiederholt wurden, entsteht eine mehrspurige Fahrbahn daraus. Wird die Erinnerung „Prüfung" aktiviert, rollen die Gedanken Richtung Scheiterhaufen, einfach deshalb, weil dieser Weg besonders gut eingefahren ist. Und da unser Gehirn naturgegeben Schmerz vermeiden will, wird es alles tun, um seinen Menschen daran zu hindern, ein weiteres Mal in eine solche Situation zu geraten.

Man kann sich dieses Prinzip aber auch zunutze machen, indem man positive gedankliche Verknüpfungen verstärkt. Durch wiederholte Erinnerung und Aktivierung eines positiven Bildes oder einer positiven Erwartung prägen Sie eine positive Gedankenbahn. Je weniger Sie dann die negative benutzen, desto schwächer wird diese im Laufe der Zeit. Natürlich gibt es dabei Ausnahmen, wie zum Beispiel schwere Trauma durch Folter oder Gewalt. Diese sollten unbedingt unter fachlicher psychotherapeutischer Hilfe aufgearbeitet werden. Das würde den Rahmen dieses Buches sprengen.

Den Neandertaler im Hirn überlisten

In unserer heutigen Lebensumwelt passen viele Reaktionen unseres Körpers nicht mehr, die ursprünglich lebensrettend waren. Als der Mensch noch in Höhlen lebte, gab es bei Gefahr zwei Möglichkeiten zu reagieren: Flucht oder Angriff. Das bedeutete, wenn ein Feind in der Nähe war, konnte der Mensch entweder mit aller Kraft zuschlagen oder vor einem weitaus gefährlicheren Gegner wegrennen. Um alle körperlichen Reserven zu aktivieren ist die so genannte Stressreaktion entscheidend. Die Fähigkeit eines damaligen Menschen, mithilfe der Stressreaktion im Körper Kräfte zu mobilisieren, entschied über Leben und Tod. Und das ging Jahrtausende gut. Bis der Mensch sich innerhalb weniger Jahrhunderte zum zivilisierten Wesen entwickelte. In einem Leben mit wenig körperlichen Anforderungen ist die Stressreaktion eher von Nachteil. Wenn Sie im Auto sitzen und auf der Autobahn dicht hinter einem LKW fahren, dessen Bremslichter plötzlich aufleuchten, dann schießt im Bruchteil einer Sekunde eine Stressreaktion durch Ihren Körper. Jetzt sind Sie hellwach und Ihr Körper ist angespannt, vorbereitet auf den folgenden „Kampf ums Überleben". Sie spüren ein Gefühl innerer Aufregung, das Blut schießt durch den Körper und alle Muskeln spannen sich. Das Gleiche läuft übrigens mehr oder weniger intensiv auch in Prüfungssituationen ab. Ein wenig Aufregung wirkt sogar belebend; sobald man aber das Gefühl bekommt, die Unruhe nicht mehr kontrollieren zu können, wirkt die Stressreaktion kontraproduktiv und kann einen Blackout verursachen. Für derartige Situationen war unser Körper ursprünglich gar nicht vorgesehen.

Es gibt aber Mittel und Wege, unser Gehirn im wahrsten Sinne des Wortes „upzudaten". Zum Beispiel bekommen Sie diese Stressreaktion mithilfe der Atementspannung aus Kapitel 3 schnell in den Griff. Es ist wichtig, den ständig ablaufenden Stressreaktionen im Körper entgegenzuwirken, denn Dauerstress kann im Körper chronische Schäden nach sich ziehen.

Die innere Programmierung zum Erfolg bewusst machen

Machen Sie sich jetzt Ihre inneren Einstellungen – oder besser gesagt – Programmierungen Ihres Gehirn durch entsprechende Erfahrungen bewusst. Achten Sie auf Ihre inneren Bilder und Begriffe, die Ihnen zu den folgenden Stichworten einfallen. Seien Sie möglichst spontan und ehrlich sich selbst gegenüber. Was denken Sie über Erfolg? Ist Erfolg für Sie etwas Verbotenes oder Schlechtes? Oder denken Sie, dass Sie es nicht schaffen werden?

Woran liegt es, wenn Sie so denken? Sind Sie nicht gut genug oder zu schwach? Vielleicht glauben Sie, dass es keinen Weg aus Ihrer derzeitigen Situation gibt und Sie festgefahren sind? Schreiben Sie ruhig alle Begriffe, die Ihnen zu Erfolg einfallen, auf und schauen Sie sich selbst mit Ihren eigenen Ängsten und blockierenden Einstellungen ins Gesicht. Sie können das alles ändern!

Was bedeutet für Sie dann Misserfolg? Begreifen Sie Rückschläge als Form der Bestrafung oder sehen Sie in Ihnen eine Chance, zu lernen und zu wachsen? Was passiert mit Ihnen, wenn Sie es nicht schaffen? Steckt dahinter vielleicht die Angst zu versagen?

Wie stehen Sie zu sich und anderen?

Welche ehrliche Einstellung haben Sie zu sich selbst und zu anderen Menschen. Machen Sie sich schlechter als alle anderen oder fühlen Sie sich anderen manchmal minderwertig gegenüber? Dann glauben Sie wahrscheinlich, dass alle anderen mehr Chancen auf Erfolg haben als Sie selbst, und Sie werden sich darum kaum bemühen. Wenn jemand andere abwertet und degradiert, um selbst größer und besser zu erscheinen, ist das ebenso wenig erfolgversprechend. Sich „hochnäsig" über andere zu überheben, ändert nichts am eigenen Selbstwertmangel. Andere werden diese Einstellung spüren und sich nicht sonderlich wohl in dessen Nähe fühlen. Denken Sie dran, dass Wertschätzung ein Grundbedürfnis und die Basis für eine erfolgversprechende Kommunikation mit anderen ist. Manche Menschen glauben auch, dass alle schlecht sind, sie selbst sowie alle anderen. Das ist genauso unrealistisch. Keine dieser drei Einstellungen wird sonderlich von Erfolg gekrönt werden. Das Echo dieser inneren Einstellung folgt auf dem Fuße, und die negativen Erwartungen werden bestätigt. Die gesündeste Einstellung ist, dass Sie und die anderen gleichwertig und gut sind. So betrachten Sie sich selbst und andere als gleichwertig und erweisen Respekt, Achtung und Wertschätzung, auch sich selbst gegenüber. Dies ist die Basis für die Fähigkeit, zu lernen und gute Beziehungen und Kontakte zu knüpfen.

Einstellung zum Erfolg

Beschreiben Sie in Stichworten Ihre ehrliche Einstellung zum Erfolg. Stellen Sie sich die Situation vor, Sie wären jetzt erfolgreich. Welche Gedanken gehen Ihnen durch den Kopf? Was passiert, wenn Sie in einer Situation Misserfolg ernten? Welche Bilder sehen Sie?

Erfolg bedeutet für mich:

Misserfolg bedeutet:

Bedenken Sie, dass Ihre Erwartungshaltung, wie oben beschrieben, zur selbst erfüllenden Prophezeiung werden kann. Was könnten Ihre beschriebenen Einstellungen auslösen?

„Update" veralteter Programme

*„Ganz gleich ob Sie glauben, Sie könnten etwas oder nicht:
Sie haben in jedem Fall Recht."*
Henry Ford

Ängste über den Intellekt lösen

Hinter Ihren Erwartungshaltungen und Glaubenssätzen stecken Muster, die Sie sich im Laufe des Lebens angeeignet haben. Alle Muster haben Ihren Grund. Hinter den meisten steckt eine positive Absicht. Das Unbewusste versucht Sie vor schrecklichen Ereignissen oder möglichen Gefahren zu schützen. Wie das Unbewusste schon vor Jahrtausenden die Überlebenschancen des Menschen verbessert hat, in dem es ihn vor Gefahren warnt und so erhöhte Aufmerksamkeit erzeugt und Vorsicht walten lässt. Denn das ist der eigentliche Grund dieser Gefühlszustände: „Sei wachsam, hier lauert Gefahr." Dieser Mechanismus muss in unserer zivilisierten Welt ein wenig entschärft werden. Die meisten Gefahren in der Welt des Hightech sind nur über den Intellekt lösbar. Wir sind gezwungen, gegen unsere Ängste anzugehen, um uns erfolgreich durchzusetzen. Der Verstand versetzt uns in die Lage, den Angst erzeugenden Mustern auf den Grund zu gehen, sie zu verstehen und eine angemessene Lösung zu finden.

Ungelöste Muster bringen Konflikte

Mit einem solchen ungelösten Muster hatte auch eine Seminarteilnehmerin Schwierigkeiten. Einer ihrer Wunschträume war es, den richtigen Mann kennen zu lernen und eine Familie zu gründen. Es haperte angeblich immer wieder an den Männern, die sie kennen lernte und die nur zu oberflächlichen Kontakten bereit waren. Wie sie selbst beschrieb, fühlte sie sich zu diesen Männern extrem hingezogen, und diejenigen, die eine feste Beziehung wollten, erregten einfach nicht ihre Aufmerksamkeit. Sie rettete sich über diesen Missstand hinweg, indem sie die gesamte Männerwelt verfluchte: „Männer taugen einfach nichts." Doch gleichzeitig stieg auch ihre Enttäuschung. In der darauf folgenden Einzelarbeit entdeckte sie ihre unbewusste Angst vor einer intensiven, bindenden Beziehung, die sie selbst auf ihr Elternhaus zurückführte. Sie beschrieb ihre eigenen Eltern als unterkühlt, die keine tiefe Bindung zu ihr zulassen konnten. Ihr wurde schließlich klar, dass sie zuerst ihre negativen Vorbilder und ihre negative Einstellung zur Elternrolle bearbeiten musste, bevor sie selbst einen Schritt in Richtung Bindung gehen konnte.

Ähnliche ungelösten Muster und Konflikte warten in jedem von uns auf ihre Klärung. Sie behindern uns meistens, natürlich auf völlig unbewusster Ebene, unsere Ziele umzusetzen. Wie beim Fotografieren muss alles richtig eingestellt sein, damit die Bilder gut werden. Und das geht nur, wenn es keine Hindernisse zwischen Kamera und Motiv gibt. Vergleichbar müssen Sie Ihre inneren Glaubenssätze und Erwartungen auf Erfolg und Ihre Ziele einstellen und die Hindernisse dazwischen erkennen und aus dem Weg räumen. Dieses Buch kann natürlich keine tiefe Auseinandersetzung mit den eigenen Mustern auf einer therapeutischen Ebene ersetzen. Aber es kann ein entscheidender Anstoß sein und ein erster Schritt in Richtung der Lösung tiefer Konflikte.

Blockierende Programme auf den Bildschirm holen

Der Prozess des „Updatens" veralteter Programme verläuft ähnlich wie beim Computer. Natürlich kann man einen Menschen nicht mit einer Maschine auf die gleiche Ebene stellen, denn der Mensch ist viel komplexer. Aber dieses vereinfachte Modell macht den Vorgang sehr anschaulich und deshalb benutze ich es trotzdem.

Ein Programmierer holt sich die Dateien auf den Bildschirm und damit ins Bewusstsein. Dort verändert er sie, sodass sie den neuen Anforderungen entsprechen. Er verbessert sie und passt sie somit optimal an. Genauso ändern sich auch ständig die Anforderungen in unserer Lebensumwelt, und wir müssen ständig dazulernen und uns weiterentwickeln. Wenn das Programm erneuert ist, wird es auf der Festplatte gespeichert und sinkt damit wieder ins Unterbewusstsein, wo es einfach funktioniert. Wenn wir Menschen eines unserer inneren Muster bewusst bearbeitet haben, wird es irgendwann unbewusst und funktioniert einfach. Mir ist es an dieser Stelle wichtig, noch einmal zu unterstreichen, dass alle Programme und Muster einmal gut waren und in ihrer alten Lebensumgebung für den Organismus einen Sinn hatten. Im Zuge der kontinuierlichen Veränderung der Umgebung müssen einige dieser alten Muster und Einstellungen aber immer wieder an die neuen Herausforderungen angepasst werden.

Ähnlich wie beim Programmieren am Computer ist auch beim Menschen das Verändern der eigenen „Software" innerhalb bestimmter Grenzen möglich. Es gibt aber bestimmte Bereiche und Themen, die so knifflig sind, dass man den Rat eines Experten hinzuziehen sollte. Das ist einfacher und spart eventuell viel Zeit. So brauchen Sie dann nicht mehr gegen sich und alte Muster anzukämpfen, sondern diese werden an der Wurzel gelöst. Denken Sie immer daran, dass Ihr Unbewusstes eigentlich nur Ihr Bestes will. Lernen Sie, seine Sprache zu verstehen, und machen Sie es sich zum Verbündeten, auf den Sie Ihr Leben lang zählen können.

"Der Kampf macht das Bekämpfte ungewollt stärker."
Rüdiger Dahlke

Keine Angst vor negativen Konsequenzen

Prüfen Sie Ihre Einstellungen und Überzeugungen und finden Sie Ihre blockierenden Glaubenssätze. Negative, einschränkende Glaubenssätze können in befreiende, fördernde umgewandelt werden. Diese positiven Glaubenssätze werden Ihnen das Leben viel leichter machen und Energie und Schaffenskraft freisetzen. Überzeugungen wie „Alle hassen mich", „Ich versage bestimmt", oder „Ich werde bald krank" werden zu selbst erfüllenden Prophezeiungen. Solche festgefahrenen Glaubenssätze wirken tief im Unterbewusstsein und beeinflussen nicht nur das eigene Leben, sondern strahlen auch auf die Mitmenschen und die Umgebung aus.

Machen Sie sich bewusst, dass Sie für alles, was Sie tun, und auch für alles, was Sie nicht tun, einen Preis zahlen werden. Zum Beispiel ist es möglich, dass sich einige Ihrer jetzigen Freundschaften verändern oder auflösen werden, wenn Sie sich verändern. Wenn Sie sich allerdings nur mit den negativen Aspekten Ihrer Veränderung beschäftigen, versäumen Sie es, die positiven zu betrachten. Wahrscheinlich werden Sie viele neue interessante Menschen um sich scharen, unter denen einige wahre Freunde sein werden. Machen Sie sich also einerseits bewusst, welchen Preis Sie zahlen werden, und beschäftigen Sie sich andererseits mit Ihrem Gewinn und allen positiven Aspekten, die folgen.

Die positive Absicht hinter Symptomen erkennen

Sammeln Sie eine Liste mit körperlichen Symptomen oder Beschwerden. In welchen Situationen fühlen Sie sich besonders unwohl und was will Ihnen Ihr Unterbewusstsein damit vielleicht mitteilen? Woran hindert es Sie und wobei hilft es Ihnen vielleicht?

Symptom:	Es hindert mich daran:	Es nutzt mir:

Innere Einstellungen optimieren

Optimieren Sie Ihre inneren Einstellungen, sodass Sie Ihren Erfolg unvermeidlich machen. Denken Sie immer an die Wirkung Ihrer inneren Glaubenssätze!

Ihre Einstellung zu	Bilder/ Stichworte	Welche Wirkung hat das Bild?
Erfolg		
Misserfolg		

Was wollen Sie erreichen? Entsprechend Ihrer Zielvorstellungen sollten Sie Ihre Einstellung optimieren!

Was will ich erreichen, wie will ich mich fühlen?	Dazu passende Einstellung:

*„Solange ihr den Berg nicht zu besteigen vermögt,
werdet ihr den Weg nicht finden."*
Wei Guan

Das Leben ist eine echte Heldenaufgabe

Sie haben es in der Hand, Ihr Leben zu gestalten. Sehen Sie darin eine echte persönliche „Heldenaufgabe". Helden erobern das Neue. Dazu müssen sie etliche Bewährungen meistern. Und es gibt dabei nur einen sicheren Weg, nicht am Ziel anzukommen: indem Sie vorher aufgeben. Nutzen Sie also jedes Hindernis, um Ihre Fähigkeiten zu optimieren. Wenn Sie nicht zufrieden mit Ihrem Verhalten sind, reflektieren Sie die Situation und fragen Sie sich: „Wie hätte mein persönlicher Held sich verhalten?" Jetzt haben Sie eine Alternative.

Konstruktiv mit Zweifel umgehen

Dem Gespenst ins Auge schauen

Viele Menschen versuchen Ihre Ängste zu verdrängen. Sie steigen aber doch irgendwie wieder an die Oberfläche, und die Fratze der Angst lacht uns hämisch ins Gesicht. Es ist gut, Befürchtungen, die lange unter der Oberfläche verdrängt waren, im richtigen Moment aufsteigen zu lassen. Suchen Sie sich dafür einen passenden Zeitpunkt und den geeigneten Rahmen. An der Oberfläche, im Licht des Bewusstseins betrachtet, sehen Sie meist nicht mehr so erschreckend aus, wie man es vermutet hätte. Aus dem Schreckgespenst, das wir im Dunkeln hinter der Tür vermutet haben, wird, im Licht betrachtet, etwas Harmloses. Wir können Probleme nur lösen, wenn wir wissen, um was es sich handelt, sie also klar erkennen können. Und dafür müssen wir sie ins Bewusstsein bringen und dort bearbeiten. Andernfalls treiben Sie Ihr Unwesen im Verborgenen und drängen ständig, an die Oberfläche aufzusteigen. Das ist, als ob man einen Korken unter Wasser drückt und ihn daran hindern wollte hochzusteigen. Auf Dauer ist das ein sehr anstrengendes Unterfangen. Menschen vergeuden viel Lebensenergie damit, verdrängte Inhalte daran zu hindern, ins Bewusstsein aufzusteigen.

Verdrängte Trauer will bewusst werden

Ich erinnere mich an einen Patienten mit einem sehr schweren Hautausschlag, der mir als Notfall überwiesen wurde. Der etwa 50-jährige Mann zitterte am ganzen Körper und beschrieb seine schwere Hauterkrankung, gegen die kein Medikament helfen würde. Ich fragte ihn, wann er den Ausschlag das erste Mal bekommen hätte. Seine Antwort verriet viel über des Rätsels Lösung: „Der Ausschlag kam genau vor acht Jahren, als meine Frau starb." Der Mann hatte nie um seine Frau getrauert oder geweint. Es war, als wäre sie gerade eben verstorben und er wäre immer noch in einer Art Schockzustand. Nur seine Haut berichtete vom seelischen Leiden, das er versuchte zu verdrängen und es daran hinderte, ins Bewusstsein aufzusteigen. Ich begann noch am gleichen Tag mit dem Mann die notwendige Trauerarbeit, in der seine Gefühle an die Oberfläche kamen und er sich auch von seiner Frau verabschieden konnte. Seine Haut wurde im Verlaufe der folgenden therapeutischen Arbeit zusehends besser. Das Symptom verlor seinen Nutzen, indem er die verdrängten Anteile ins Bewusstsein aufsteigen ließ und dort bearbeitete.

Der Kampf des Helden gegen den Sicherheitsfanatiker

Vielleicht kennen Sie das: Sie erleben eine Zeit des heldenhaften Mutes und planen Ihre nächsten Unternehmungen. Es kann Ihnen kaum schnell genug gehen, und Sie schäumen über vor Energie, Selbstbewusstsein und Mut. Neugier und Abenteuermut beflügeln all Ihre Unternehmungen. Und dann kommt unvorhergesehen die Phase des inneren Zusammenbruchs. Wie in ein tiefes Loch gefallen erscheinen einem alle vorher geträumten Ziele als unrealistisch und unerreichbar. Dem Hochgefühl weichen Zweifel, Bedenken und die große Frage nach dem Sinn des Ganzen. Ein Gedanke bohrt sich mehr und mehr ins Bewusstsein: „Es hat ja doch alles keinen Sinn." Es gibt nun zwei Handlungsalternativen. Sie können einerseits einfach warten, bis Ihre Stimmung von selbst wieder besser wird, oder andererseits selbst aktiv etwas dagegen tun. Es ist beinahe so, als ob Ihr innerer Held plötzlich von der Leinwand verschwunden ist und eine andere Person – nennen wir sie mal Herr Zweifel – dominiert. Und der will anscheinend nur, dass es Ihnen so schlecht wie nur möglich geht. Alles, was vorher in Gedanken blühte und wuchs, verwandelt sich unter seinem Einfluss in eine kahle Wüste.

 Nutzen Sie die CD, um Ihren inneren Abenteurer zu stärken!

Zweifel getarnt als Väterchen Vernunft

Wenn Sie sich Herrn Zweifel oberflächlich betrachten, dann erkennen Sie vielleicht auf den ersten Blick einen widerlichen Giftzwerg, der mit seiner Boshaftigkeit die Luft zum Atmen verpestet. Denken Sie daran: Ihr Unterbewusstsein ist genial, warum sollte es einen Gegenspieler erzeugen, der Sie nur behindert? Wenn Sie sich den kleinen Giftzwerg aus der Nähe betrachten, erkennen Sie auch seine wahre Intention und die positive Absicht hinter seinem bremsenden Einfluss. Er ist quasi der Gegenspieler des inneren Helden. Um Ihre innere Balance zu halten ist es wichtig, für jede Kraft eine potenzielle Gegenkraft zu haben, die hier lautet: Sorge. Solange Sie beide Anteile gegen sich kämpfen lassen, wird immer einer von beiden die Oberhand gewinnen – und dann wird es einen abrupten Wechsel geben, wenn der andere sich lautstark zu Wort meldet. Die einzige Möglichkeit, die beiden Extreme zu verbünden und zusammenarbeiten zu lassen, ist der innere Dialog. Lassen Sie Herrn Zweifel rechtzeitig zu Wort kommen oder bitten Sie ihn sogar darum. Er wird sich automatisch enttarnen und Sie erkennen Väterchen Vernunft, der Ihnen unbedingt noch wichtige Tipps geben will und Sie vor möglichen Gefahren warnen möchte. Bitten Sie beide Anteile auf die innere Bühne und hören Sie sich Ihre Botschaften an. Wozu kann Sie der Held beflügeln, und vor welchen Gefahren warnt Sie Väterchen Vernunft? Bedanken Sie sich bei ihm für die wichtige Arbeit, die er auf Ihrem Weg zum Erfolg leistet.

Held und Väterchen Vernunft verbünden
Was sagen Ihnen die beiden Anteile über den Weg, den Sie beschreiten sollen? Welche Möglichkeiten zeigt Ihnen der Held auf und wovor möchte Sie Väterchen Vernunft warnen?

Wie Sie mit Ihren Fehlern umgehen

Sie kennen den Ausdruck „Trial and Error". „Versuch und Irrtum". Er bedeutet, dass Fehler machen in Ordnung ist, wenn man seinen Irrtum erkennt und sein Verhalten korrigiert. Dazu muss man den Fehler zuerst zugeben, sich ihn bewusst machen und dann einen Plan schmieden, wie man sich das nächste Mal in solch einer Situation verhalten will. Es ist völlig in Ordnung, Fehler zu machen, wenn man sich diese Fehler wirklich bewusst macht und danach sein Verhalten ändert. Sicher ist dies nicht der eleganteste Weg, zu lernen und sich weiterzuentwickeln. Aber es ist wohl der natürlichste. Über Fehler und die Rückmeldung anderer, dass etwas falsch war, können wir unser Verhalten schließlich korrigieren und werden immer besser.

Auch im Bereich des Umgangs mit Fehlern kann ein innerlicher Perspektivenwechsel helfen. Stellen Sie sich auf Ihrer inneren Leinwand vor, wie Ihr Verhalten als Filmsequenz abläuft. Schlüpfen Sie in die Rolle eines unbeteiligten Zuschauers und beobachten Sie, wie die gesamte Szene auf Sie wirkt. Lassen Sie alles aus dieser Perspektive auf sich wirken. Was oder welche Einstellung der Hauptperson (Sie selbst) hat zum unerwünschten Ergebnis geführt? Schlüpfen Sie dann einfach in die Rolle des Regisseurs und ändern Sie das Verhalten der Hauptperson. Lassen Sie die Szene mit den Änderungen ablaufen und kreieren Sie Ihr Happy End. Durch die Vorstellung eines positiven Ausganges der schwierigen Situation programmieren Sie Ihr Gehirn auf Erfolg und erleichtern sich das Ausprobieren Ihres neuen Verhaltens.

Immun gegen Rückschläge werden

„Mitunter sollte man sich zu schrankenloser Ausgelassenheit
hinreißen lassen
und die freudlose Nüchternheit für ein Weilchen verbannen.
Das macht Mut für einen Neuanfang."
Seneca

Aus den Ruinen erblüht neues Leben

Eine Bekannte rief mich in einer schwierigen Situation an. Sie hatte auf eigene Faust eine große Benefizveranstaltung zugunsten einer Aktion gegen Gewalt an Kindern organisiert, die sie nicht nur einen Haufen Geld gekostet hatte, sondern monatelange Vorbereitung, viel Stress und persönliche Opfer. Die Veranstaltung brachte nicht den erwarteten Erlös, sie verschuldete sich und bekam sogar mit Bekannten und Kollegen großen Ärger. Am Telefon war sie außer sich: Sie hätte alles für eine gute Sache investiert und jetzt hätte sie den Eindruck, es wäre umsonst gewesen. Es kam ihr wie eine Bestrafung vor und sie fürchtete jetzt, innerlich aufzugeben. Ich fragte sie, was sie aus dieser ganzen Geschichte lernen würde. Denn viele harte Erfahrungen machen einen Menschen innerlich stärker, wenn er diese erst richtig verdaut hat. Nach einer kurzen Pause antwortete sie mir: „Und aus den Ruinen erblüht neues Leben."

Es gibt Situationen im Leben, die einen im wahrsten Sinne des Wortes beuteln können. Jeder kennt das aus eigener Erfahrung, und es gibt keinen Menschen auf dieser Welt, bei dem immer alles glatt läuft. Und natürlich bricht man in einer besonders schweren Situation innerlich zusammen und lässt eine Weile den Tränen ihren Lauf. Aber irgendwann kommt der Zeitpunkt, an dem man sich fragt: Warum? Wozu passiert mir das? Vielleicht stellt man sich sogar die Frage: Was kann ich daraus lernen? In diesem Moment wird Ihr Überlebenswille wieder aktiv und Sie beginnen, das Erlebte zu verarbeiten. Jetzt haben Sie die große Chance, zu lernen und weiterzuwachsen. Denn anhand dieses einen Rückschlages lernen Sie grundsätzlich, mit diesen Situationen umzugehen. Es ist wie ein

Trainingsprogramm, das sie stärker und stärker macht, wenn Sie diese Rückschläge richtig verarbeiten und sie als Chance begreifen. Rückschläge und Hindernisse lauern überall, und je mehr Sie sich hinaus wagen und je höher Sie Ihre Ziele stecken, desto größer wird auch die Gefahr eines Rückschlages. Fragen Sie sich einmal, wie Ihr persönlicher Lieblingsheld mit dieser Situation umgegangen wäre.

Wie geht Ihr Lieblingsheld mit Rückschlägen um?
Stellen Sie sich vor, Ihr Held würde in solch eine schwierige Situation geraten. Wie würde es ihm ergehen und wie würde er sich verhalten. Woraus schöpft er seine Kraft?

Probleme gedanklich schrumpfen lassen

Es gibt eine gute Technik, um Hindernissen oder Problemen, die sich Ihnen in den Weg stellen, zu begegnen. Zum einen können Sie diese Hindernisse oder Schreckgespenste in Ihrer Vorstellung kleiner werden lassen. Das hat zur Folge, dass sie nicht mehr den Raum wie zuvor einnehmen und Sie jetzt wieder mehr Raum für Ihre Zielvorstellung haben. Lassen Sie Ihre Zielvorstellung größer erscheinen, in Farbe, mit Scheinwerfern und vielleicht sogar mit einer passenden Hintergrundmusik. Dadurch fokussieren Sie Ihr Unterbewusstsein verstärkt auf das Ziel. Die Hindernisse schwächen Sie weiter ab. Lassen Sie die Größe des Hindernisses in Ihrer Vorstellung schrumpfen, lassen Sie es farblos erscheinen. Das schön ausgemalte und übergroße Zielbild wird die Hindernisse und Störungen an eine Außenseite Ihres Bewusstseins drängen. Dort werden Sie zwar immer noch wahrgenommen, haben aber keinen Einfluss mehr und untergraben auch nicht mehr Ihre Motivation und Ihren Mut.

Ziele vergrößern, Hindernisse verkleinern

Stellen Sie sich mit allen Sinnen und so lebendig wie möglich Ihr Ziel vor, als ob Sie es schon erreicht hätten. Malen Sie es sich in Gedanken in Farbe auf einer riesigen Fläche aus. Wie fühlen Sie sich damit?

Die Probleme können Sie am Rande noch bewusst wahrnehmen, sie haben jedoch keinen Einfluss mehr auf Ihre Stimmung oder Ihre Motivation. Sie können sich alle Hindernisse relativ unscharf, in Schwarz-Weiß und kleiner vorstellen.

So impfen Sie sich gegen Rückschläge

Auch unser Immunsystem muss so einiges einstecken. Viren, Bakterien, Schadstoffe, Abfallprodukte und alte Zellen müssen vom System erkannt und dann entsorgt werden. Das kostet das Immunsystem einiges an Kraft. Wird der Körper von Krankheitserregern heimgesucht, so beginnt das Immunsystem mit allen zur Verfügung stehenden Mitteln und Techniken, diese zu bekämpfen und wieder Herr der Situation zu werden. Dabei ist besonders die Wissensbibliothek des Immunsystems von entscheidender Bedeutung. Je mehr Krankheiten es schon bekämpft hat, desto mehr „Wissen" konnte es abspeichern. Und das kann ihm im Verlaufe der meisten Krankheiten bei seiner Arbeit helfen. Das Ganze ist wie ein Training, in dem die Faustregel gilt: Das, was mich nicht umbringt, macht mich stärker. Und die nächste Attacke wird einfacher abgewehrt, besonders wenn es sich um den gleichen Erreger handelt, mit dem es schon einmal fertig geworden ist. Aus diesem Grunde lassen sich Menschen auch impfen. Sie machen ihr Immunsystem auf kontrollierte und harmlose Art bekannt mit einem neuen Erreger. Das Immunsystem wird ihn das nächste Mal sicher erkennen und seine Pflicht tun.

Impfen Sie sich behutsam gegen Rückschläge, indem sie langsam und Stück für Stück größere Herausforderungen annehmen. Schaffen Sie sich eine möglichst günstige Ausgangsposition, um an einer kleinen Herausforderung auch wirklich wachsen zu können. Überlegen Sie vorher, was Ihnen alles helfen kann, und planen Sie die Situation so gut wie möglich im Voraus. Jeder kleine Erfolg, den Sie so erringen, wird Sie für alle weiteren Herausforderungen stärken und so können Sie nach und nach den Schwierigkeitsgrad anheben. Irgendwann werden Ihnen auch schwierigste Herausforderungen nicht mehr viel ausmachen, weil Sie es einfach gewohnt sind, damit umzugehen.

Per „Knopfdruck" neue Motivationsschübe auslösen

Auf Ihrem Weg zum Erfolg werden Ihnen immer wieder Durststrecken entgegen kommen oder prüfungsähnliche Situationen, die Ihnen neu sind und vor denen Sie einfach Angst haben. So kann zum Beispiel das Straffen der Schultern und Aufrichten der Wirbelsäule vor einer Prüfung als Auslöser genutzt werden, um einen Zustand erhöhter Konzentration und eine dynamische, selbstsichere Haltung und Ausstrahlung auszulösen. Zusätzlich bringt ein tiefer, langsamer Atemzug Körper und Geist zur Ruhe. Diese beiden Erinnerungshaken – Schultern straffen und ruhiger Atemzug – können in allen hektischen Stresssituationen eingesetzt werden. An diese Kombination aus Ruhe, Konzentration und selbstbewusster Haltung ist auch ein fließendes Denken gekoppelt. So können Sie in sich per Knopfdruck einen optimalen inneren Zustand auslösen, der es Ihnen möglich macht, auf Ihre Ressourcen und Fähigkeiten zuzugreifen. Der Kopf ist frei von negativen Gedanken, und die bewusste Konzentration kann auf die Aufgabe gelenkt werden.

Auch das Gefühl von Selbstsicherheit und Mut kann an einen Erinnerungshaken geknüpft werden. Suchen Sie in Ihrem Gedächtnis nach einer Situation in Ihrer Lebensgeschichte, wo Sie das Gefühl hatten, mutig und selbstsicher aufgetreten zu sein. Stellen Sie sich die Situation noch einmal im Geiste vor, und automatisch wird das Gefühl in Ihrem Körper aktiviert werden. Je öfter Sie in Gedanken diese Situation und das entsprechende Gefühl aktivieren, desto stärker wird die Verknüpfung in Ihrem Gedächtnis. Unterstützen kann man diesen Prozess, wenn man sich noch einen äußeren Anker dazunimmt, wie zum Beispiel einen bestimmten Gegenstand, eine Melodie oder ein Kleidungsstück. Wählen Sie dann einen Gegenstand oder Kleidungsstück zum Erinnerungshaken, das sich relativ flexibel und unauffällig in der entsprechenden Situation tragen lässt. In der folgenden Skizze ist die Vorstellung eines gut gehaltenen Vortrags der Erinnerungshaken, um das Gefühl von Selbstsicherheit und kompetentem Auftreten auszulösen. Ein schwarzer Blazer kann beispielsweise als Erinnerungshaken von außen wirken und zum Symbol für Kompetenz, Ruhe und Selbstsicherheit werden.

Jeder Mensch verankert ständig Gefühle oder Erinnerungen an irgendwelche Gegenstände oder Eindrücke, innere Bilder, Symbole, Melodien oder Gegenstände. Ein einfacher Anker im Alltag ist beispielsweise ein Foto, das an den letzten Urlaub erinnert und assoziativ eine angenehm entspannte Stimmung auslöst. Vielleicht benutzen Sie auch einen Anker, um angenehme Zustände zu aktivieren, wie zum Beispiel bestimmte Musikstücke? Haben Sie schon einmal einen Talisman für Prüfungssituationen gehabt?

Erinnerungshaken für gute innere Zustände finden

Welche Anker lösen bei Ihnen einen optimalen inneren Zustand aus? Gibt es einen oder mehrere Anker, die einen Motivationsschub bei Ihnen auslösen und Ihnen neue Kraft geben? In welchen Situationen können Sie diese Anker einsetzen? Ordnen Sie jeder entscheidenden Situation einen Anker für eine positive Stimmung zu!

Anker für positive Stimmung oder Flow:	für Situation:
Beispiel 1: Fotos vom Bauernhaus (Lebenstraum) Löst Motivationsschub und innere Entspannung aus	Arbeit, Überstunden
Beispiel 2: Erinnerung an eine Situation, wo man kompetent und ruhig aufgetreten ist	Prüfungen Vorträge

7.
Persönliche Spitzenleistungen erzielen

„Die Fantasie erfordert die entsprechende Laune langes ineffizientes, glückliches Untätigsein, Herumtrödeln und Herumwerkeln."
Brenda Ueland

Projekte planen und Lösungen finden

Nutzen Sie Techniken zum Selbstmanagement

Die wichtigste Grundlage für das Erreichen Ihrer persönlichen Spitzenleistungen ist das Bewusstsein über Ihre Ressourcen und Ihre persönliche Authentizität. Die Klarheit Ihrer Ziele und die daraus gewonnene Motivation werden Sie auf Ihrem Lebensweg wie ein starker Motor vorantreiben. Jetzt geht es darum, dass Sie das gefundene Wissen und Ihre Fähigkeiten mit praktischen Techniken nutzen lernen. Sie bekommen in diesem Kapitel einen Teil des Werkzeuges an die Hand, mit dem Sie das Theoretische tatsächlich in die Praxis umsetzen können. Planung, Strategie und Informationsmanagement werden Sie auf Ihrem Weg sicher ans Ziel begleiten. Lernen Sie Ihre Herzenswünsche und Ziele als Projekte zu planen, auftretende Probleme mit Strategie zu lösen und Informationen zu managen. Um möglichst große Mengen an Informationen auszuwerten und diese wieder abzurufen, benötigen Sie Grundlagen des Gedächtnistrainings. Mithilfe der Fähigkeit, sich Feedback von außen zu holen, können Sie Ihr Auftreten und Ihre Wirkung auf andere in einem hohen Maße positiv anpassen. Sie können diese Informationen von außen auch selbstkritisch nach neuen Informationen über mögliche Potenziale oder Blockaden durchleuchten. Trainieren Sie so Ihren Körper und Geist auf Hochleistung, und Ihre Leistungsfähigkeit wird von nun an stetig zunehmen.

Geben Sie dem „Kind" einen Namen

Jede Idee ist wie ein ungeborenes Kind. Sie muss erst innerlich reifen, dann kommt sie auf die Welt und wächst schließlich zu ihrer vollen Größe heran. Geben Sie dem Kind also einen Namen, damit es unverwechselbar und ihm Leben eingehaucht wird. In dem Moment, wo Sie eine Idee „auf die Welt bringen" und sich mit der Umsetzung beschäftigen, wird diese Idee von Tag zu Tag mehr in die Realität umgesetzt werden. Jetzt brauchen Sie System und Planung, um das Heranreifen Ihrer Idee so gut es geht zu fördern. Mein

Vorschlag ist, dass Sie alle Ihre Ziele, die Sie bereits in Kapitel 2 entwickelt haben, in Projekte verwandeln. Geben Sie jedem Ziel einen Projektnamen, auch den „ungeliebten" Zielen, beispielsweise Buchhaltung, Haushalt oder Ordnung schaffen. Alle kleinen und großen Ziele benötigen einen Projektnamen. Erinnern Sie sich daran, dass die kleinen Zwischenziele und vor allem ungeliebte Kleinziele Sie direkt zum Großziel führen. Achten Sie darauf, dass Ihre Projekte immer Werte schaffen, wie zum Beispiel: Ordnung, Ruhe, Geld, Gesundheit, Harmonie, Freiheit, Wissen, Wachstum und so weiter. Ihre Projekte dienen also dem Zweck, Werte zu schaffen oder Geld zu verdienen. Beispiele für Projekte sind: persönliche Stärken ausbauen, einen Lebenspartner finden, Produkte verkaufen, Blumen pflegen, äußere (und damit auch innere) Ordnung schaffen, offener werden, Körper pflegen und gesünder essen. Definieren Sie jetzt all Ihre persönlichen Projekte und nummerieren Sie diese durch.

Projekte auflisten

Wandeln Sie Ihre Ziele in Projekte um!
Geben Sie Ihren umgewandelten Zielen einen passenden Projektnamen!

Beispiel: Projektliste
1. Kommunikationsfähigkeit verbessern
2. Umzug
3. ...

Kommen Sie ins Handeln und legen Sie Termine fest

In dem Moment, wo Ihr Projekt einen Namen hat, spielt es in Ihrem Bewusstsein eine übergeordnete Rolle und wird ernster genommen. Mithilfe einer optimalen Strategie und Planung sind Sie dann in der Lage, Ihre Ziele und Träume wirklich Schritt für Schritt in die Realität umzusetzen. Entwickeln Sie ein individuell passendes System für Ihr persönliches Selbstmanagement, indem Sie mit aktiver Problemlösung arbeiten und für Ihre Aufgaben Maßnahmenpläne entwickeln. Was müssen Sie alles tun und in welcher logischen Reihenfolge, um Ihre Projekte zu fördern? Welche der anfallenden Arbeiten können Sie möglicherweise delegieren und welche Personen können Ihnen bei Ihren Aufgaben helfen? Mit wem lassen sich Synergieeffekte erzeugen? Eventuell bieten sich Netzwerke mit anderen Menschen an, die ähnliche Interessen und Ziele verfolgen.

Überlegen Sie, wie Sie Ihre Projekte in der nächsten Woche fördern und voranbringen können. Was müssen Sie alles tun und welche Taten werden Sie ans Ziel Ihrer Träume bringen? Versuchen Sie dabei keine Details zu vergessen. Machen Sie sich für jedes Projekt eine Liste von Tätigkeiten, die Sie eventuell mit Terminen versehen können. Wann können Sie was tun? Gehen Sie in Gedanken alles durch und gleichen Sie Ihre neuen Aufgaben mit Ihren alltäglichen Pflichten und Terminen ab. Versuchen Sie, Ihre neuen Aufgaben in Ihren Alltagsplan einzufügen. Eventuell können Sie Ihren Plan sogar verändern und optimieren, wenn Sie Ihre Zeit flexibel planen können. Halten Sie sich Ihr Traumziel vor Ihrem inneren Auge so lebendig wie möglich und planen Sie Ihre Tätigkeiten im Voraus. Was müssen Sie zu welchem Zeitpunkt konkret tun, um Ihren Zielen näher zu kommen?

Persönlichen Wochenplan erstellen

Schreiben Sie zu jedem Projekt eine Liste von notwendigen Tätigkeiten und fügen Sie diese Tätigkeiten in Ihren Alltag ein. Versehen Sie die einzelnen Tätigkeiten entweder mit festen Terminen oder planen Sie die Tätigkeiten innerhalb Ihrer Wochen- oder Monatsplanung.

Beispiel: Projekt „Neuen Job suchen" – Tätigkeiten:

- Klarheit bekommen, was ich wirklich machen will und wo ich arbeiten möchte
- Stellenanzeigen recherchieren, Internet, Zeitungen
- Weiterbildungen recherchieren, die mich zum Ziel bringen, Termin
- Bewerbungsunterlagen ordnen, Montag bis Freitag nächste Woche
- Mit Chef sprechen, Termin: übernächster Montag
- Zeugnis vorbereiten, Mittwoch nach Besprechung mit Chef
- Mit Lebenspartner besprechen, Wochenende

Verwandeln Sie Schwierigkeiten in lösungsorientierte Maßnahmen

Erinnern Sie sich noch an Ihre gefundenen Probleme und Hindernisse aus Kapitel 2? Verwandeln Sie auch diese in Projekte und schreiben Sie auf, was Sie tun müssen, um diese Schwierigkeiten aufzulösen. Denken Sie lösungsorientiert und planen Sie Maßnahmen, um Ihre Probleme in den Griff zu bekommen. Was müssen oder können Sie dafür tun? Nutzen Sie eventuell die Technik des Perspektivenwechsels aus Kapitel 6, um einen neuen Lösungsweg zu entdecken. Jetzt planen Sie Schritt für Schritt, wie Sie das Problem lösen können. Entwickeln Sie einen persönlichen Maßnahmenplan! Der erste Schritt dabei ist, dass Sie Ihr Problem definieren, beispielsweise möchte jemand abnehmen. Im zweiten Schritt überlegen Sie, was Sie alles tun müssen und können, um Ihre Maßnahme umzusetzen, zum Beispiel nur halb so viel essen, vollwertiger und weniger Fett essen, Rad fahren anstelle Auto fahren, zweimal die Woche Fitness oder tanzen und so weiter.

Entwicklung eines persönlichen Maßnahmenplanes
1. Was müssen Sie tun (Maßnahme)?
2. Wie können Sie das konkret umsetzen?
3. Termin festsetzen.

Beispiel für Problem „Übergewicht"

Maßnahme	Umsetzung	Termin
Abnehmen	vollwertiger und fettarm essen	ab morgen
	Rad fahren statt Auto	ab Freitag
	Fitnesstraining	Dienstag und Freitag
	tanzen gehen	Wochenende
...	geistige Nahrung (Bücher)	Wochenende

Grenzen zuerst mental durchbrechen

„Fantasie ist wichtiger als Wissen."
Einstein

Man kann nur erreichen, was man sich auch vorstellen kann

Eine Geschichte aus dem Leistungssport zeigt, wie solche Grenzen oder mentalen Blockaden sich auf die körperliche Leistungsfähigkeit auswirken. Ein Gewichtheber kam lange Zeit nicht über die 200-Kilo-Marke hinaus. Sein Trainer war sich sicher, dass er mehr Gewicht stemmen könnte, und schickte ihn zu einem Mentaltrainer. Im Gespräch stellte sich heraus, dass der Gewichtheber in seiner Vorstellung die 200-Kilo-Marke wie ein rotes Signalband leuchten sah und darunter standen die Worte „absolutes Maximum". Er konnte also gar nicht über die 200-Kilo-Grenze hinauskommen, weil er es sich absolut nicht vorstellen konnte. Der Mentaltrainer behob diese Blockade mit einem einfachen Trick. Er ließ den Sportler sich auf folgende Bilder konzentrieren: 190 plus 10 Kilo, 190 plus 20 Kilo, 190 plus 30 Kilo und umging auf geschickte Weise die vorgestellte Blockade. Auf diese Weise konzentrierte er sich auf das Heben von „nur" wenigen Kilos mehr und vergaß das rote Signalband. Nun war der Zugang zu seinen körperlichen Ressourcen wieder frei. Er brach in den folgenden Wettkämpfen alle seine Rekorde.

Viele Grenzen im Geist führen natürlicherweise dazu, dass die Grenzen auch in der Realität nicht überwunden werden. Sie müssen sich zunächst etwas vorstellen können, um es in die Realität umzusetzen. Wenn Sie andererseits an eine Grenze glauben, davon innerlich überzeugt sind, dass Sie diese nie überwinden können, dann wird es auch so sein. Deshalb müssen Sie Grenzen, die Sie überschreiten wollen, zunächst gedanklich überschreiten. Schauen Sie sich an, wie es aussehen könnte, wenn Sie diese spezielle Grenze überschreiten. Wie fühlen Sie sich damit? Je öfter Sie dieses gedankliche Experiment wiederholen, desto realistischer wird Ihnen die Grenzüberschreitung vorkommen und desto wahrscheinlich werden Sie es schaffen. Wenn Sie sich beispielsweise körperliche Limits im Geist setzen, nach dem Motto: „Ich werde meinen Bierbauch doch sowieso behalten", gibt es selbstverständlich keine Möglichkeit, diesen jemals loszuwerden. Sie programmieren sich innerlich darauf, den Bauch unter allen Umständen zu behalten.

Experiment

Versuchen Sie doch einmal die zwei folgenden Rätsel zu lösen:

1. Verbinden Sie die 9 Punkte mit nur 4 geraden Linien, ohne den Stift vom Papier abzuheben

• • •
• • •
• • •

2. Nehmen Sie sich jetzt 6 Streichhölzer und machen Sie daraus 4 gleich große Dreiecke.

Rätsel lösen durch Einnehmen unterschiedlicher Perspektiven

Sie können die Aufgaben nur lösen, wenn Sie Ihre gedanklichen Grenzen sprengen. Denken Sie auf der nächstgrößeren Ebene. Beide Rätsel verführen zunächst dazu, in der angeblich vorgegebenen Ebene oder Dimension zu denken. Sprengen Sie diese Grenzen und denken Sie weiter, über die vorgezeichnete Arbeitsfläche hinaus. Bei dem zweiten Rätsel müssen Sie in drei Dimensionen denken. Wenn Sie auf der 1. und 2. Dimension, die zusammen eine Fläche bilden, hängen bleiben, lässt sich das Rätsel nicht lösen. Ein weiterer Tipp: Denken Sie auch in die Höhe, also in der dritten Dimension, und Sie können tatsächlich 4 Dreiecke mit 6 Hölzern bauen. Und genau wie bei diesen Rätseln, die zu Ihrer Erleichterung die wenigsten Menschen auf Anhieb lösen können, ist es auch im Leben. Versuchen Sie,

Ihre eigenen geistigen Grenzen zu sprengen und seien Sie offen für das Neue, Unbekannte. Grenzen im Geiste beschränken unser Leben und unsere gesamte Entwicklung. Ruhen Sie sich nicht lange auf Ihren Lorbeeren aus und lernen Sie immer weiter. Das ist die einzige Möglichkeit, innerlich frei und ohne starre Grenzen zu leben. Befreien Sie Ihren Geist von den Fesseln der Voreingenommenheit und der Vorurteile. Wenn Sie lernen, aus verschiedenen Perspektiven auf Dinge oder Ereignisse zu schauen, sind Sie in der Lage, viele Rätsel oder Probleme zu lösen, die Sie vorher für unlösbar gehalten haben. Nehmen Sie bewusst eine andere Perspektive ein, wenn Sie vor einem angeblich unlösbaren Konflikt stehen, und spielen Sie so lange auf Ihrer geistigen Bühne damit, bis Sie eine neue Lösung finden. Meistens liegen die so gefundenen Lösungen auf einer Ebene, die wir vorher nicht in Betracht gezogen haben.

> *„Neues entsteht nicht durch den Intellekt, sondern*
> *durch den Spieltrieb,*
> *der aus innerer Notwendigkeit agiert.*
> *Der kreative Geist spielt mit den Objekten, die er liebt."*
> C. G. Jung

Seinen Erfolgsweg aus der Vogelperspektive sehen

Stellen Sie sich vor, Sie würden wie ein Vogel vom Boden abheben und könnten Ihr Leben, Ihre Umgebung und Ihre Ziele aus einer ganz anderen Perspektive wahrnehmen. Aus der Distanz und besonders aus der Vogelperspektive erscheinen einem selbst riesige unüberwindbare Berge wie kleine Hügel, die man leicht überwinden kann. Vielleicht sieht man sogar aus dieser Perspektive klarer, wie man einen solchen Berg bezwingen kann, man erkennt neue Wege oder sieht Dinge, die einem helfen könnten. Die folgende Vorstellungsübung ist sehr hilfreich in Momenten, in denen man an sich und seinen Zielen zweifelt. Wenn Sie das Gefühl haben, es gäbe zu viele oder zu große Hindernisse, um weiter Ihre Ziele zu verfolgen, probieren Sie doch einmal Folgendes:

Aktiv-Entspannung zur Lösungsfindung

Nehmen Sie sich etwa 10 bis 15 Minuten Zeit für eine aktive Entspannung.

- Atmen Sie ruhig und gleichmäßig, so wie Sie es in Kapitel 3 gelernt haben, um einen Alpha-Zustand auszulösen.

- Stellen Sie sich vor, Sie würden sich langsam vom Boden lösen wie auf einer Wolke oder vogelfrei immer höher schweben.

- Sie sehen sich selbst und Ihre Umgebung von oben, wie klein alles dort unten aussieht.

- Auch die Hindernisse und Berge, die sich vor Ihnen aufgetürmt haben, sehen klein aus, und Sie wundern sich vielleicht, warum Sie vor ihnen so verängstigt waren.

- Schauen Sie sich die Szene genau an. Was können Sie alles tun, um die Hindernisse zu lösen? Oder vielleicht können Sie diese auch umgehen. Schärfen Sie Ihre Adleraugen für alle möglichen Lösungen, die Sie von oben erkennen können.

- Beobachten Sie dann, wie Sie selbst dort unten die Hindernisse locker in Angriff nehmen und langsam auf Ihrem Weg weiterkommen. Nichts kann Sie aufhalten.

- Kommen Sie dann langsam auf den Boden zurück und werden Sie mit jedem Atemzug wieder wacher.

Gesellschaftliche „Altersgrenzen" können gebrochen werden

Viele Menschen lassen sich durch Annahmen über ihr Alter und Grenzen, die sie glauben einhalten zu müssen, in ihrem Leben und ihrer Entscheidungsfreiheit sehr einschränken. Wie oft hört man den Satz: „Ich bin schon zu alt um etwas zu verändern." Vermutlich ist das einer der Hauptgründe, warum Menschen glauben, ihre Träume nicht umsetzen zu können. Der Gedanke „Vielleicht ist es schon zu spät" ist aber eine Falle. Stellen Sie sich vor, Sie seien plötzlich zehn Jahre älter und Sie fragen sich immer noch: „Warum habe ich das nie gemacht?" So, jetzt haben Sie die nächsten zehn Jahre Zeit, um wirklich etwas für Sie Wichtiges umzusetzen, und dann hören Sie sich selbst in zehn Jahren sagen: „Ich habe das geschafft!"

Sie entscheiden selbst, wie alt sie sich fühlen. Denken Sie an das dritte mentale Gesetz: „Wie innen – so außen." Eine wichtige berufliche oder private Veränderung kann ein großer Sprung in Ihrem Leben sein. Je mehr und je intensiver Sie sich damit auseinander setzen, wie Sie eigentlich in einigen Jahren sein wollen, desto stärker wirken die von Ihnen gebildeten Suggestionen im Unterbewusstsein. Wiederholung führt dabei zu einer tiefen Prägung, Konditionierung genannt. Der Prozess der Manipulation und Konditionierung findet bei Ihnen sowieso tagtäglich ohne Ihr Bewusstsein statt. Sie können die Fähigkeit erlernen, diese Manipulationen zu durchleuchten, negative durch positive zu ersetzen und sich auf diese zu konditionieren. Das ist sicherlich ein lebenslanger Lernprozess, aber auch eine große Chance für die eigene Gesundheit, Lebensqualität und Ihren Erfolg viel zu tun.

Wie möchten Sie in der Zukunft sein?

Wie alt sind Sie jetzt und welche Annahmen und Grenzen hegen Sie in Bezug auf Ihr Alter, zum Beispiel: „Mit dreißig wird es brenzlig, da müssen Frauen endlich eine Familie gründen und Kinder kriegen." Oder „Ab dreißig setzt man an, da kriegen Männer einen Bierbauch."

Fragen Sie sich nun, wie Sie am liebsten sein würden und welche Annahmen besser zu Ihnen passen würden. (Dass Sie dafür auch einiges tun müssen, versteht sich von selbst!)

Was sind Sie bereit dafür zu tun? (z. B. Fitnesstraining, Ernährung, Meditation ...)

Feedback als wichtige Informationsquelle

„Nobody is perfect."

Kritikfähigkeit als Kernkompetenz zur Weiterentwicklung

Eine grundlegende Fähigkeit, um seine Persönlichkeit weiterzuentwickeln, ist eine selbstkritische Einstellung. Diese beinhaltet die Fähigkeit, aus den eigenen Fehlern lernen zu können und dadurch in der Zukunft immer weniger Fehler zu machen. Prüfen Sie Ihre Bereitschaft, weiterzulernen und sich weiterzuentwickeln. Sie sollen nicht perfektionistisch werden, es reicht vollkommen aus, die offensichtlichen Schwachstellen näher zu betrachten, um sie dann nach und nach zu beseitigen. Der Perfektionist sieht immer nur das Schlechte. Er ist nur auf der Suche nach Fehlern und Schwächen, die ihn von einem perfekten Idealbild abhalten. Eigentlich ist der Perfektionist ein versteckter Pessimist. Dem entgegen sieht der Optimist seine Ressourcen und schöpft aus seinen Möglichkeiten. Auf dieser Grundlage kann er einige Schwächen näher betrachten und sie langsam zu seinen Gunsten verändern. Und eigentlich ist diese Sichtweise nach allem, was Sie in den vorangegangenen Kapiteln gelernt haben, doch die viel realistischere, oder?

Eine junge Ärztin berichtete von einem Erlebnis, das ihre Einstellung gegenüber Feedback und ihre Karriere nachhaltig beeinflusste. Sie sollte im Rahmen ihrer Facharztprüfung einen wichtigen Vortrag halten und bat einen erfahrenen Kollegen um Feedback. Übungshalber hielt sie ihm den Vortrag, und der Kollege gab ihr darauf ein äußerst kritisches Feedback. Sie erzählte mir, dass sie eigentlich mehr Lob als Kritik erwartet hatte und sie sich deshalb zunächst schlecht fühlte. Der Kollege hatte sich eine Liste voller Notizen an Verbesserungsvorschlägen gemacht, die er ihr nun vorhielt. Sprachlos ließ sie diese Kritik über sich ergehen und fühlte sich in ihrer Kompetenz und ihrem Selbstwert angegriffen. Erst als dieses Gefühl abgeklungen war und sie sich wieder darauf besann, dass sie so viel wie möglich lernen wollte, war sie wieder in der

Lage, sachlich zu denken, und arbeitete die Verbesserungsvorschläge aus. Ihr Vortrag wurde später übrigens ein voller Erfolg, und sie hatte viel für ihre folgende Karriere gelernt.

Stehen Sie zu Fehlern und Schwachstellen

Um in der Lage zu sein, Feedback von anderen annehmen zu können, müssen Sie sich zunächst eigene Fehler eingestehen können. Nur wenn Sie dem kleinen „Fehlerteufel" ins Auge sehen und mit nüchternem Verstand betrachten, können Sie ihn klar erkennen und beseitigen. Das funktioniert wie bei einer Autoreparatur: Der Wagen hat einen Defekt oder funktioniert nicht wie gewünscht. Zunächst muss der Fehler anhand einer kritischen Analyse gefunden werden, bevor man geeignete Reparaturmaßnahmen einleiten kann. Entschuldigen Sie also nicht länger Ihre Fehler oder rechtfertigen Sie diese. Versuchen Sie Ihre Gefühle zu kontrollieren und Ihren Verstand zu nutzen. Analysieren Sie die Situation und Ihr Verhalten und lernen Sie, es beim nächsten Mal anders zu machen. Nur wenn Sie zu Ihren Fehlern und Schwächen stehen, sind Sie überhaupt in der Lage, diese jemals zu ändern. Dann haben Sie die volle Kontrolle über Ihr Verhalten.

Viele Menschen haben sogar panische Angst davor, Fehler zu machen oder ihre Schwächen zu offenbaren. Natürlich ist das größtenteils ein Ergebnis der Gesellschaft und der Erziehung, welches uns vorschreibt, wie wir uns nach außen zeigen sollen: Schalten Sie den Fernseher ein, sehen Sie hauptsächlich den erfolgreichen und starken Helden ohne Schwachpunkte, der zum Vorbild wird. Und nun sollen Sie diesen Vorbildern, die kaum Fehler haben, gerecht werden? Der Versuch, es ihnen nachzumachen, endet in der Regel mit Enttäuschung und Verbitterung. Denn je mehr Sie versuchen, Ihre Schwachstellen zu verbergen, desto stärker werden diese. Dieses Paradoxon funktioniert ähnlich wie das Prinzip „weniger ist mehr". Je mehr Sie Ihre Schwachstellen verbergen oder verdrängen, desto mehr Energie benötigen Sie dafür. Und somit werden Sie leicht angreifbar und haben tatsächlich einen wunden Punkt, in dem andere herumstochern können. Gehen Sie im Gegensatz dazu offen mit

Ihren Fehlern um und gleichzeitig mit der Möglichkeit, Ihr Verhalten zu ändern, nehmen Sie anderen den Wind aus den Segeln und machen sich beinahe unangreifbar. Jede erbitterte Diskussion verliert die unterschwellige Aggression, wenn jemand mit Verstand und Selbstkritik seine Fehler analysiert und Verbesserungsvorschläge anbietet. Probieren Sie es bei der nächsten Debatte mit Ihrem Partner oder Ihren Kindern aus: Bleiben Sie konsequent auf der Sachebene und analysieren Sie auch die eigenen Schwachstellen. Es hilft dabei sehr, sich zum besseren Verständnis in die Position des anderen zu versetzen. Wechseln Sie also ruhig mal die Perspektive.

Bauen Sie einen Feedback-Schutzfilter ein

Achten Sie darauf, sich nur Feedback von Menschen zu holen, die in der Lage sind, Ihre Leistung sachlich zu beurteilen. Es wird immer Menschen geben, die glauben, über Sie urteilen zu dürfen, und selbst keine Experten in dem entsprechenden Thema sind. Distanzieren Sie sich innerlich von Urteilen solcher Ahnungslosen, denn Sie sagen zum Teil mehr über den Feedbackgeber aus als über Sie. Fragen Sie daher gezielt Fachkundige oder Menschen, deren Meinung Sie schätzen, nach Rückmeldungen. Ein gutes Feedback erkennen Sie an folgenden Faktoren: Die Person ist Ihnen wohlwollend gegenüber eingestellt und versucht Sie zu fördern und Sie nicht zu verletzen. Feedback sollte sich unbedingt durch Sachlichkeit auszeichnen. Dabei sollte der Feedbackgeber versuchen, Privates so gut es geht zurückzunehmen und so objektiv wie möglich zu sein. Er sollte seinen Eindruck beschreiben und auf keinen Fall ein Urteil über Sie fällen. Es kann nicht darum gehen, Sie als Person zu verurteilen, sondern Sie sollen Informationen aus der Wahrnehmung einer anderen Person bekommen. Professionelles Feedback zu geben ist eine Kunst, die gelernt sein will. Dabei muss die Sach- und Informationsebene unabhängig von der Beziehungsebene gesehen und auf dieser Basis beschreibende Rückmeldungen gegeben werden.

Da Wahrnehmungen von Personen immer subjektiv sind und automatisch die persönliche Perspektive eines anderen Menschen beinhalten, gibt es keine objektiven Rückmeldungen. Ein Großteil des Feedbacks hat also immer mit dem Feedbackgeber zu tun. Er projiziert seine Weltsicht nach außen und nimmt sie durch seine besonders getönte Brille wahr. Feedback muss außerdem nicht wirklich stimmen. Denken Sie zurück an unsere Energievampire. Wenn Sie sich von jemandem Feedback geben lassen und dieser sollte Ihnen oder Ihren Zielen nicht wohl gesonnen sein, müssen Sie vorsichtig sein. Fragen Sie deshalb lieber Experten oder Menschen, die selbst schon erreicht haben, was Sie anstreben. Versuchen Sie also die Bestandteile herauszufiltern, die Ihnen helfen können, und treffen Sie dann eine Entscheidung. Ihr Feedbackfilter sollte nur für Sachinformationen und Fakten durchlässig sein, die Ihr Weiterkommen fördern.

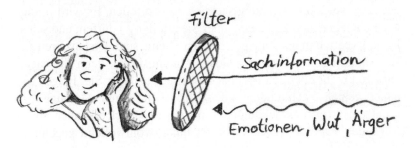

Trainieren Sie Körper und Geist auf Hochleistung

„Es besteht eine geheime Verbindung zwischen Langsamkeit und Gedächtnis und zwischen Geschwindigkeit und Vergessen."
Peter Heintel

Geschichten sind die älteste Erinnerungstechnik

Unsere Lernfähigkeit und die Leistungsfähigkeit unseres Gedächtnisses kann überdimensional gesteigert werden, wenn wir visuelle und bildliche Informationen mit logisch-analytischen verbinden. Nicht umsonst sind in vielen Schulbüchern kleine Bildchen und Anekdoten enthalten, die den trockenen Stoff auflockern und dem Leser Appetit aufs Lernen machen. Geschichten sind gleichzeitig die älteste Form der Informationsübertragung des Menschen und nutzen in optimaler Weise die Kapazitäten unseres Gedächtnisses aus. Über die Jahrtausende wurden alte Weisheiten und Sagen in Form uralter Mythen und Geschichten überliefert und sind teilweise bis heute in Buchform zu erhalten. Jeder kennt zum Beispiel den klassischen Anfang vieler Märchen: „Es war einmal in einem wunderschönen Königreich ..." Schon spitzen sich unsere Ohren und in unserem Gehirn wird eine wahre Bilderflut angeregt, die durch die bloßen Worte ausgelöst wird. Jeder von uns sieht seine eigene Vorstellung eines Königreiches, die Landschaft und die Umgebung, in der es sich befinden könnte, und vielleicht erahnt er sogar schon ein Abenteuer, das auf die Bewohner wartet. In der Regel tauchen wir selbst als Teil der Geschichte mit in die Erzählung ein, und alle unsere Sinne und Empfindungen werden aktiv. Je intensiver Sie eine Geschichte oder einen Vorgang erleben, desto tiefer wird sie sich Ihnen einprägen. Deshalb sind Geschichten und Experimente oder auch das Lernen durch eigene Erfahrungen vielfach eingesetzte Hilfsmittel in der pädagogischen Praxis.

Nutzen Sie Ihr kreatives Potenzial

Unser Gehirn besteht aus zwei Hälften, die mit einem dicken Strang von Nervenfasern miteinander verbunden sind. Modellhaft können wir uns vorstellen, die linke Hirnhälfte wäre der Sitz des logischen Verstandes und des Sprachvermögens. Die rechte Hälfte sei zuständig für bildhaftes Denken, Musik und räumliche Vorstellung. Wir können die gesamte Kapazität unseres Gehirns nur erschließen, wenn wir beide Hirnhälften miteinander vernetzen, also sprachliche und bildliche Informationen miteinander kombinieren. Worte können beispielsweise Bilder freisetzen und umgekehrt können Bilder Empfindungen, Vorstellungen und sprachliche Beschreibungen anregen. Eine große Menge an Informationen kann in Form eines einzigen Bildes verschlüsselt sein, und die Botschaft des Bildes wird dennoch von jedem Menschen ähnlich verstanden. Beispielsweise ist ein rotes Herz in unserem Kulturkreis das Symbol für Liebe und Zuneigung, und manchmal sagt dieses Symbol mehr als viele Worte.

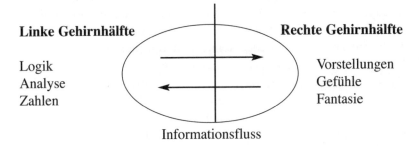

Linke Gehirnhälfte

Logik
Analyse
Zahlen

Rechte Gehirnhälfte

Vorstellungen
Gefühle
Fantasie

Informationsfluss

(Achtung: Dieses Modell ist stark vereinfacht und entspricht so nicht den physiologischen Grundlagen. Als anschauliches Schema unterstützt es aber das Verständnis für die komplizierten Vorgänge, die im Gehirn ablaufen.)

Um Ihr kreatives Potenzial zu nutzen, müssen Sie beide Gehirnhälften aktivieren und kombiniert benutzen. Wenn beide Teile Ihres Gehirns optimal zusammenarbeiten, macht Sie das flexibler im Denken, kreativer in der Lösung von Problemen und Sie erhöhen die

Speicherkapazität Ihres Gedächtnisses. Die Kombination von Sprache und Bildern, von Verstand und Gefühl führt zu einer wesentlich verbesserten Informationsverarbeitung. Wenn Sie wirklich an Ihre persönliche Spitzenleistung herankommen wollen, müssen Sie Ihren „ganzen Menschen" einsetzen. Mit Analysen allein können wir nicht alles lösen. Und nur mit Kreativität können wir keine Probleme lösen, wenn wir die Ursachen nicht zuvor analysiert haben. Sie können beide Bereiche Ihres Denkens stärker mithilfe verschiedener Möglichkeiten verknüpfen: Sport und Bewegung regen einen intensiven Informationsfluss zwischen beiden Teilen an, ebenso wie die schon erlernte Technik der Aktiv-Entspannung intensiv die Vorstellungskraft und Fantasie anregt. Machen Sie während Ihrer Arbeitszeit ausreichend Pausen, in denen Sie Ihren Körper bewegen und Ihre Muskeln aktivieren oder Sie im Geiste Fantasiereisen unternehmen. Selbstverständlich ist hier die beiliegende CD ein sehr nützliches Hilfsmittel, das Ihre körperlich-geistige Entspannung und Ihre Imaginationsfähigkeit steigert.

Hemisphärendominanz

Schauen Sie auf das Bild und nehmen Sie spontan wahr, was sich im Zentrum befindet:

12
A B C
14

Haben Sie zuerst die Zahl 13 gesehen, so spricht das dafür, dass Sie momentan vermehrt mit der linken, analytischen Hälfte denken. Wenn Sie den Buchstaben B gesehen haben, ist Ihre rechte, visuelle Hirnhälfte dominant.

Ein Supergedächtnis entwickeln durch Imagination

Wie bereits erwähnt ist das Geschichtenerzählen eine entscheidende Technik des Gedächtnistrainings. Wenn Sie sich viele Details, einen Text oder nur eine Einkaufsliste merken möchten, versuchen Sie doch einmal, diese in eine Geschichte einzubetten. Ihr Gedächtnis wird keine Probleme haben, sich viele Details zu merken, wenn diese logisch und visuell vorstellbar in eine Geschichte verpackt sind.

So lernen Sie im Gedächtnistraining die für Sie relativ belanglosen Komponenten einer Einkaufsliste mit lustigen oder persönlich interessanten Details zu versehen. Zum Beispiel liefen Sie tomatenrot an, weil Sie beim Ausrutschen auf einer Bananenschale in ein Fass grüne Gurken gefallen sind und dort dann ein Baguette mit einem Päckchen Butter verspeisen. Auf diese Weise haben Sie sich schon fünf Dinge gemerkt: Tomaten, Bananen, grüne Gurken, Baguette und Butter.

Natürlich gibt es unendlich viele Möglichkeiten, den Einkaufszettel in eine Geschichte oder ein Bild einzubetten, und jeder wird seine eigenen Vorlieben und Stärken entwickeln. Es gibt Menschen, bei denen lösen Töne oder Bewegungsvorstellungen die Erinnerung an bestimmte Dinge aus. Mit diesen einfachen Techniken kann fast jeder seinem Gedächtnis auf die Sprünge helfen und mit entsprechendem Training sogar ein absolutes Supergedächtnis entwickeln.

Ich erinnere mich an einen Professor aus meiner Studentenzeiten, der durch sein geniales Gedächtnis auffiel. Als ich eines Tages in seinem Büro erschien, um mir Literatur für die bevorstehende Prüfung zu leihen, veränderte sich meine Einschätzung über den so zerstreut wirkenden Professor grundlegend. Auf meine Bitte hin, mir besondere Werke über mein Spezialthema auszuleihen, hielt er kurz inne, brabbelte unverständlich vor sich hin und drehte sich dann zu einer Wand des Zimmers um, die fast bis unter die Decke dicht gestapelt mit Bergen von Büchern und Zeitschriften war. Ich hörte ihn noch sagen: „12ter Stapel, 34stes Buch von oben und 18er Stapel 7tes Buch von oben", und schon ging er zielstrebig auf den aufgetürmten Bücherberg zu und zog die gesuchten Werke ohne Umschweife heraus. Während ich ihn verdutzt und beeindruckt anschaute, nannte er mir noch aus dem Gedächtnis Namen und Matrikelnummer der Studenten, von denen ich mir die anderen Bücher besorgen könnte.

Ein gesunder Geist ruht in einem gesunden Körper

Schon die Römer wussten um die Wechselwirkungen zwischen Körper und Geist. Ein gesunder Körper fördert einen ausgeglichenen Geist und umgekehrt. Und seit langem ist diese alte Weisheit auch wissenschaftlich nachgewiesen. Körperliche Bewegung führt dazu, dass bestimmte Bereiche des Gehirns aktiviert werden und so ein flüssiges und ausgeglichenes Arbeiten erleichtern. In unserer Hightech-Gesellschaft, in der das Leben vieler Menschen hauptsächlich hinter Schreibtischen und im Sitzen abläuft, ist der Körper ein häufig vernachlässigtes Objekt geworden. Auf Ihrer Suche nach Spitzenleistungen ist ein gesunder Körper aber ein wichtiger Bestandteil. Ein leichtes Training, etwa dreimal wöchentlich, ist dabei einem Kräfte raubenden Ausdauer- und Kraftsport vorzuziehen. Am stärksten stellt sich der positive Effekt ein, wenn Ihnen die Bewegung Spaß macht und Ihre Gedanken dabei fließen können. Ein flexibler und geschmeidiger Körper hält auch den Geist bis ins hohe Alter geschmeidig und flexibel.

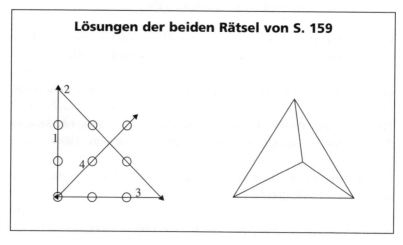

Lösungen der beiden Rätsel von S. 159

Literaturverzeichnis

Al Huang, Chungliang / Jerry Lynch: *TaoSport. Denkender Körper, tanzender Geist. Außergewöhnliches leisten in Alltag, Beruf und Sport.* Hermann Bauer Verlag, 1995.

Alman, Brian M. / Peter T. Lambrou: *Selbsthypnose. Ein Handbuch zur Selbsttherapie.* Carl-Auer-Systeme Verlag, 1996.

Bernard, Paul: *Mentaltraining und Selbsthypnose. Gesundheit und Erfolg. Sie können es lernen.* Corona Verlag, 1997.

Bernard, Paul: *Mit Worten heilen. Mentaltherapie in Hypnose.* Mikado Sachbuch, 2001.

Bischof, Anita und Klaus: *Selbstmanagement – effektiv und effizient.* Haufe, 1997.

Enkelmann, Nikolaus B.: *Das Power-Buch für mehr Erfolg. In fünf Jahren die Nummer Eins.* mvgVerlag, 2001

Enkelmann, Nikolaus B.: *Die Macht der Motivation. So motivieren Sie sich selbst und andere.* mvgVerlag, 1999.

Fauliot, Pascal: *Die Kunst zu siegen, ohne zu kämpfen. Anekdoten und Geschichten über die Kampfkünste.* Diederichs, 2001.

Gawain, Shakti: *Stell Dir vor. Kreativ visualisieren.* Rowohlt, 1996.

Hancock, Jonathan: *Das Gedächtnis der Sieger. Unschlagbare Memotechniken für Alltag und Beruf.* Droemer-Knaur, 1996.

Hesse, Hermann: *Eigensinn macht Spaß. Individuation und Anpassung.* Insel, 2002.

Köster Susanne A.: *Mit NLP zum Erfolg.* Gabal 2000.

Kotulak, Ronald: *Die Reise ins Innere des Gehirns. Den Geheimnissen des menschlichen Gehirns auf der Spur.* Junfermann, 1998.

McDermott, Ian / Joseph O'Connor: *NLP für die Management-Praxis.* Junfermann, 1999.

McGraw, Phil: *Lebensstrategien. 10 Regeln, damit Ihnen das gelingt, worauf es im Leben wirklich ankommt.* mvgVerlag, 2000.

Meinhold, Werner J.: *Das große Handbuch der Hypnose. Theorie und Praxis der Fremd- und Selbsthypnose. Das Hypnose-Standardwerk für Fachleute und Laien.* Ariston, 1997.

Seiwert, Lothar J.: *Das 1x1 der Persönlichkeit. Sich selbst und andere besser verstehen, beruflich und privat das Beste erreichen, das DISG-Persönlichkeitsmodell anwenden.* mvgVerlag, 2000.

Seneca: *Seneca für Gestresste.* Insel-Verlag, 1995.

Tohei, Koichi: *Ki im täglichen Leben.* Kristkeitz Verlag, 1990.

Zerlauth, Thomas: *Sport im State of Excellence. Mit NLP und mentalen Techniken zu sportlichen Höchstleistungen.* Junfermann, 1996.

Zur Autorin

Ina Hullmann ist Diplom-Psychologin mit Erfahrung im Gesundheitswesen und der Medienbranche. Zudem ist sie sowohl Fachredakteurin als auch ausgebildete Trainerin für Stressmanagement, Mentaltraining im Leistungssport, Personaltraining und vieles mehr.
In ihrem Lehrauftrag an der Universität Hamburg konzentrierte sie sich auf die Themen Persönlichkeit und Charisma und schulte zudem Universitätsdozenten und Promovierende in Selbstpräsentation. Heute coacht sie Journalisten und Führungskräfte und hält Seminare und Teamcoachings für Mitarbeiter von Unternehmen.
Ihre Themenschwerpunkte Motivation und Erfolgsstrategien, Gesundheit und Leistungssteigerung (auch im Unternehmen) und Auftreten und Selbstpräsentation vermittelt sie sowohl als Unternehmensberaterin als auch in Seminaren, Einzelcoachings und Beratung.

Informationen über Seminare und Einzelcoachings:
Telefon 040 / 42 93 68 42

Oder schicken Sie eine E-Mail an: InaHullmann@aol.com.

Stichwortverzeichnis

A

Aktiv-Entspannung 92, 161, 170
Alpha-Wellen 65
Alpha-Zustand 66
Altersgrenze 162
Alterungsprozesse 96
Ängste 47, 51, 127, 129, 134, 141
Asiatische Energielehren 73
Atmung 73f.
Authentizität 19, 61
Autosuggestion 87f., 97

B

Beta-Wellen 64
Bewegungsfluss, natürlicher 114
Bewusstsein 11, 19
Blackout 129
Blockaden 45, 127, 129, 158

C

CD 14

D

Delta-Wellen 65
Denken, lösungsorientiertes 30
Durchhaltevermögen 25, 42

E

Einbildungskraft 79
Einstellungen 137, 139
Energievampire 48
Enthusiasmus 35
Entscheidungsfreiheit 162
Entspannung(s-) 69
-reise 14
-zustand 14
Erfolg(s-) 19, 23, 131, 133
-, persönlichen 26
-faktoren 31, 67
-voraussetzungen 32
-weg 160
Erinnerungshaken 150
Erinnerungstechnik 168

F

Fähigkeiten 11, 110
Feedback 31, 153, 164
Feedback-Schutzfilter 166
Fehler 144
Filmsequenz 144
Flexibilität 29, 67
Flow 62
Flow-Zustände 61
Fremdwahrnehmung 101, 104

G

Gedächtnis 129
Gedankenchaos 46
Gehirn 169
Geisteshaltung 72
Geschichten 168
Gesundheit 61
Glaubenssätze 137
Gleichgewicht, inneres 31
Grundbedürfnisse 51f.
Grundeinstellung 26

H

Hemisphärendominanz 170
Herzensträume 12, 15
Hindernisse 44, 47

I

Imagination 90, 171
Informationsfülle 13
Innere Monologe 84
Innere Werte 51
Inneres Kind 118, 120

K

Kommunikation 132
Konzentration, entspannte 61
Körperhaltung 72
Kräfte 110

Kraftquellen, innere 64
Kraftsymbole, persönliche 41
Kritikfähigkeit 31, 164
Kurzentspannung 69

L

Langsamkeit 75
Lebens-
-geschichte 22
-weg 21
-weise 97
Lehrgeschichte 28
Leidenschaft 35
Leistungsfähigkeit 168
Leistungssport 158
Lernfähigkeit 168

M

Manipulation 94
Manipulierbarkeit 98
Maßnahmenplan 157
Mentale Gesetze 162
Mentaltraining 11
Misserfolg 132
Motivation 25
Motivationsschübe 56, 148
Muster, hemmende 129

N

Negativ-Monologe 86
Neid 47

O

Offenheit 122
Optimismus, realistischer 29
Ort der Ruhe 69

P

Persönlichkeit 21, 32, 53, 105
Persönlichkeitsanteile 118, 120
Perspektiven 159, 167
Perspektivenwechsel 144
Placebo-Effekt 79
Placebos 79
Potenzial, kreatives 169
Potenziale 26, 101, 108, 122
Prinzip der kleinen Schritte 27
Probleme 146
Programmierung, innere 131

R

Ressourcen 46, 105, 153
Rückschläge 132, 147

S

Sachinformation 167
Schwächen 108
Schwachstellen 108
Selbst erfüllende Prophezeiung 79
Selbst-

-beeinflussung 79, 87
-bewusstsein 30, 32
-coaching 87
-kontrolle 84
-management 153
-reflexion 115f.
Spitzenleistungen, persönliche 153
Stärken 108
Stress 12
Stressreaktion 131
Supergedächtnis 171
Symbolhandlung 85

T

Talente 111
Theta-Wellen 65
Trance 64, 66
Trancetechnik 67
Traum-Arbeitsplatz 110

U

Überzeugungen 137
Überzeugungskraft 23
Unterbewusstsein 11, 13, 25, 55, 85, 113f., 143

V

Vorstellungskraft 89

W

Wahrnehmung 101
Werte 52
Wohlbefinden 61

Z

Zeit 74
Zeitsprung 24
Ziele 15, 23, 56, 103, 153
Ziel-
-focus 54
-formulierung, positive 54
-planung, realistische 57